ドイツ
ポーランド
チェコ
スロバキア
オーストリア
ハンガリー
ルーマニア
モルドバ
ベラルーシ
ワルシャワ
ウィーン
ブラチスラバ
シュチェチン
ポモジェ
ホイニツェ
ヘウムノ
ビドゴシュチ
トルン
ノテチ川
ゴジュフ
ヴァルタ川
ポズナニ
グニェズノ
ヴィスワ川
プウォツク
マズーリ
オルシュティン
ウォムジャ
ビャウィストク
ポドラシェ
ナレフ川
ブク川
コウォ
マゾフシェ
シェドルツェ
ブレスト
クロスノ
ナイセ川
オドラ川
レシノ
グヴォグフ
ヴィエルコポルスカ
プロスナ川
カリシュ
ウッジ(ウーチ)
ピリツァ川
レグニツァ
シロンスク
ヴロツワフ
チェンストホヴァ
マウォポルスカ
ラドム
ルブリン
ヴィエプシ川
ヘウム
キェルツェ
サンドミシュ
ザモシチ
クウォツコ
オポレ
ズデーテン山地
カトヴィツェ
クラクフ
チェシン
オストラヴァ
オシフィエンチム
タルヌフ
ジェシュフ
ヤロスワフ
プシェミシル
ノヴィ・ソンチ
モラヴァ川
ブルノ
ヴァーフ川
カルパティア山脈
コシツェ
ウジホロド
ドナウ川
フロドナ
スルーツク
ピンスク
トゥーロフ
プリピャチ川
ポレシア
スティル川
コロステニ
ヴォロティーミル
ルツク
ジトミル
リヴィウ
テル
ヴィンニツァ
イヴァノフランキウシク
カムヤネツィポジリシキー
コロミヤ
ドニエストル川
ホティン
スチャヴァ
プルト川
16°
20°
24°
28°
48°
52°

YAMAKAWA SELECTION

ポーランド・バルト史　下

伊東孝之・井内敏夫 編

山川出版社

［カバー写真］

ラトヴィアの首都リーガの街並。ドイツ人によって13世紀初頭に建設が始まり，ハンザ都市として発展，今もドイツ風のたたずまいを残している。対照的なのはダウガヴァ川対岸の近代的な建築群で，国家事業として2014年に建築された国立図書館などを含む。

目次

上巻目次

山川セレクション

ポーランド・バルト史　下

第六章　両大戦間期のポーランドとバルト諸国

1　ポーランドの独立と民主主義の実験

政権と領土

第一次世界大戦が中欧列強側の敗北でもって終わった一九一八年十一月、長いあいだ待ち望んだ独立の機会がおとずれた。独立国家の最初の課題は統一政府の樹立であった。ポーランドではこのときいくつかの組織が政府的権威をめざして争っていた。ワルシャワの摂政会議、パリの国民委員会、オーストリア占領地域で生まれた清算委員会と人民政府、最後に革命的な労働者代表評議会（ラーディ）である。

このうち、ドモフスキの率いるパリの国民委員会は戦勝国の支持をえて国際的には有力であったが、国内では自身の政府機構、軍事力を欠いていた。労働者代表評議会はロシア革命とドイツ革命の影響

両大戦間期のポーランド

の余波で誕生したが、基盤をなすべき労働者階級が戦争によって四散していたためドンブロヴァ炭田のような旧ロシア領の大工業中心地を除くと大きな盛り上がりをみせなかった。

ドイツよりも一足先に崩壊し始めたオーストリアでは、クラクフに「ポーランド清算委員会」が樹立され、事実上の西ガリツィア政府として機能し始めた。さらにオーストリア占領地区であったルブリンで、十一月七日に社会民主党のダシンスキを首班とする「人民政府」が樹立され、ワルシャワの摂政会議の廃止を宣言した。摂政会議も敗色の濃いドイツにたいしてすでに距離をおき始めており、全政党の参加する政府の樹立と立憲国会の招集を呼びかけていた。このとき、おりから勃発したドイツ革命のおかげで、ピウスツキがマクデブルクの要塞監獄から釈放され、十一月十日にワルシャワに帰還した。摂政会議は西部戦線で休戦が成立した翌十一日にピウスツキを軍最高司令官に、また十四日「国家主席」に任命して解散した。これによって政府的権威の問題は決した。ピウスツキは摂政会議から権威を受け継いだのである。十一月十一日はのちに独立記念日として祝賀されることになる。

ピウスツキは自身の勢力基盤であった社会党を犠牲にして、たまたま帰国した著名なピアニストで、パリ国民委員会のメンバーでもあったパデレフスキを政府首班に任命し、英・仏などの協商国と国民民主党の歓心をかった。パデレフスキ政府のもとで一九一九年一月にポーランドではじめての普通、平等、秘密、直接選挙が実施され、立憲国会が選ばれた。予想に反して右派勢力の優勢が明らかとなり（得票率四二・三％）、パデレフスキが政権にとどまるとともに、行政府（国家主席）にたいする立法府

（立憲国会）の優越を定めた暫定憲法（「小憲法」）が採択された。

独立国家のつぎの課題は領土を確定し、その安全を保障することであった。ピウスツキは旧ポーランドの諸民族から構成される連邦国家をめざし（ヤギェウォ理念）、反露親独外交を唱えた。これにたいしてドモフスキはポーランド人がほかの民族を漸次的に同化してゆく統一的な単一民族国家を構想し（ピャスト理念）、反独親露ないし親英仏外交を主張した。しかし、協商国は帝政ロシアとドイツの利益に配慮し、必ずしもポーランドの領土要求に好意的でなかった。

ピウスツキは実力によってことを決しようとした。まず東ガリツィアに出現した「西ウクライナ人民共和国」を攻撃し、ほぼ全域を制圧した。またソヴィエト軍を排除してリトアニア、ベラルーシの諸都市を占領した。ピウスツキはさらにウクライナ全土の征服をめざし、ペトリューラ政府と結んでソヴィエト・ウクライナに侵攻した（ソヴィエト・ポーランド戦争）。緒戦はポーランドに有利に進んだが、たちまち形勢が逆転した。ソヴィエト軍はポーランド軍を追撃してワルシャワに迫った。ソヴィエト軍の占領地域にはポーランド臨時革命委員会が樹立された。しかし、このときふたたび形勢が逆転し、ポーランド軍が攻勢に転じた。結局一九二〇年十月中旬に戦線が膠着状態に陥ったところで予備講和が調印され、このときの軍事境界線が両大戦間期の国境となった（リガ条約）。東ガリツィアはポーランド軍が再占領した。ヴィルノ地方は国際連盟理事会がリトアニア領と裁定したので、ピウスツキは腹心の軍人に占領させ、その軍人がつくった「中部リトアニア共和国」との統一というかたちで併合した。

西方では住民蜂起によってドイツに有利な協商国の決定あるいは住民投票の結果をくつがえそうとした。まずヴィエルコポルスカ蜂起によってポズナニ地方を首尾よく手中におさめたが、マズーリ、ヴァルミア両地方にかんしては住民投票で敗北し、東方で戦争中であったためその結果を呑まざるをえなかった。高地(上)シロンスクでは住民投票で敗北したが、三度にわたる蜂起によって分割を強行した。チェシン地方は連合国の裁定によってチェコスロヴァキア帰属が決定したが、ポーランド側に大きな不満が残った。

連合国は一九二三年三月にポーランドが実効的に支配しているすべての地域にかんしてその主権的権利を認めた。こうしてようやく領土が確定した。

統合の課題

政治生活のルールをつくり、国民を政治体制に統合することが独立国家の第三の課題であった。それをはたすと期待されたのが憲法と政党システムである。一九二一年に採択されたいわゆる三月憲法はフランス第三共和制に範をとった民主的なものであったが、強力な立法権、弱い行政権を特徴としていた。それは政敵ピウスツキが大統領に当選して権力を独占するのではないかと恐れた国民民主党の党利党略に基づいていた。しかし、小党分立状態が支配し、しかも比例選挙法がそれを強めたので、国会にはいつまでも安定した多数派が生まれなかった。弱体な政府は山積する新興国家の課題を処理することができなかった。また三月憲法は少数民族の権利を保護していたが、たぶんに連合国の好意をかうための形式にすぎず、その統合に役立たなかった。

政党は国会に代表されただけでも最大三二を数え、明らかな原子化状況を呈した。いずれも組織的に弱体で、社会と国家を橋渡しするという政党本来の役割をはたしきれなかった。ただ、大政党の中核は比較的安定しており、十九世紀以来の連続性を保った。大きく分けて右派(国民民主党)、中道派(キリスト教民主党、農民党ピャスト派、国民労働者党)、左派(社会党〈ロシア領の社会党革命派、オーストリア領の社会民主党、ドイツ領の社会党が合流してできた〉、農民党解放派)、それにピウスツキ派の四つがあった。ピウスツキ派は政党というよりもピウスツキへの個人的忠誠心で結ばれた右から左までの政党横断的な結合体であり、その中核にはかつての軍団将校やポーランド軍事組織の関係者がいた。このほかに共産党(一九一八年にポーランド王国・リトアニア社会民主党と社会党左派が合同して成立)に代表される議会外左翼と少数民族の政党があり、システムにたいして求心的というよりも遠心的に作用した。

たとえかつてはひとつの国であったとはいえ、一二〇余年のあいだ三つの国に分れて暮らし、近代化や戦争のような社会的・経済的激動をくぐりぬけた国民をふたたびひとつにまとめあげるのは容易ではなかった。バラバラの部分からそれぞれが多少とも相互に依存する全体をつくりあげることが必要であり、そのためには統一的な法律体系、行政機構、市場、通貨、運輸交通網、社会政策などをつくりださなければならなかった。社会的・経済的統合が独立国家の第四の課題となった。それをある程度達成せずには経済成長も社会改革も望むことはできなかった。工業生産は一九二九年に両大戦間期の最高水準に達したが、なお戦前水準の八六・二%にとどまった。ポーランドはこの年に工業生産が戦前の水準をこえなかった欧州唯一の国であった。また多くの社会改革がなおざりとなった。しかし、避けてとおることのできない問題もあった。それは農地問題と少数民族問題であった。

ポーランドはなお基本的に農業国であった。一九二一年の農業人口は六三・八%であった。農村は慢性的な過剰人口に苦しんだ。この問題は工業化か国外移民によってしか解決できなかった。たしかに土地所有の極端な不平等があった。全体の三分の一を占める二ヘクタール以下の零細農が農地の三・五%、つぎの三分の一を占める二〜五ヘクタールの小農が一一・三%を保有したのにたいして、わずか〇・九%をなすにすぎない五〇ヘクタール以上の大経営が農地の四七・三%を保有した。改革には当然地主(旧シュラフタ層)の抵抗があった。他方で全土地を分配してもなお土地がたりず、農業生産性が落ちる恐れがあるという問題もあった。独立直後やソヴィエト・ロシアとの戦争中のような国民的危機に際しては国民を動員するために改革の機運が盛り上がったが、それがすぎると急速に改革熱がさがった。結局、農地問題は最後まで抜本的な解決をみなかった。

ピウスツキのヤギェウォ理念は中途半端にしか実現しなかった。新生国家においては少数民族が住民の三割強を占めた。少なく見積もってもウクライナ人一四・三%、ユダヤ人一〇・五%、ベラルーシ人三・九%、ドイツ人三・九%などであった。この多民族国家にドモフスキの統一的・同化主義的国家構想、いわゆるピャスト理念が押しつけられた。東方辺境地域では地主や都市民がポーランド人、零細農民がウクライナ人、ベラルーシ人であったので民族問題が社会的対立と結びついて先鋭化した。これは三分の一以上の市民の国家への統合を困難なものとした。

議会民主主義の実験

三月憲法のもとでの最初の選挙は一九二二年十一月に実施された。中道派が票を伸ばし、左派が後退した。右派は多少票を失ったものの第一党の地位を維持した。どの勢力も単独では政権を担当できないという点では立憲国会と変わりがなかった。情勢を複雑にしたのは少数民族政党が大きな票を集めたことである。大統領選挙で中道左派の候補ナルトヴィチが少数民族連合の支持をえて当選すると、右派から「ユダヤ人の票で選ばれた」と非難され、直後に狂信的民族主義者によって暗殺された。かわって農業協同組合運動の指導者ヴォイチェホフスキが選ばれたが、暗殺事件は左右の相互不信をぬきがたいものとした。

議会内多数派は政府を樹立するためというよりも政府を倒すために形成された。多くの政府が短命であった。しばしば議会多数派に基礎をおかない、いわゆる議会外政府が組織された。議会外政府は中道右派連合の工作によって倒されがちであったが、中道右派政府自体は暗殺事件以来中道左派、とりわけピウスツキ派の激しい敵意をかって長続きしなかった。そうしたなかで議会外政府である第二次グラプスキ内閣のみは例外的に二年間の命脈を保ち、インフレの克服、穏健な農地改革などにおいて多少の業績をあげることができた。

外交政策の基礎はヴェルサイユ体制とフランスとの同盟体制であったが、二つの修正主義的な隣国の接近によってしだいに空洞化された。独ソは一九二二年にラパロ条約を締結し、秘密の軍事協力を開始した。二五年にロカルノ条約、二六年に独ソ中立条約が結ばれたが、いずれもポーランドの国境についてなんら保証を与えていなかった。こうしたなかで二五年にドイツとのあいだに関税戦争が勃発し、ポーランド経済は大きな打撃を受けた。国内では少数民族問題がしだいに深刻化し、外交問題と連動する気配をみせた。ウクライナ人やベラルーシ人はソヴィエト・ロシアに、またドイツ人はドイツにそれぞれ共感をよせた。

経済危機を克服できなかったこと、汚職が蔓延したことも議会民主主義の信用を失墜させた。しかし、最大の問題はピウスツキ派の統合に失敗したことであった。独立の英雄ピウスツキはもっとも有力な大統領候補であったが、その憲法上の地位が著しく弱められたのをきらって出馬せず、ワルシャワ郊外の小邑スレユヴェクに引きこもって隠遁生活を送った。ピウスツキは政府側と軍制問題をめぐって鋭く対立した。ピウスツキは軍をなるべく政党政治から隔離しようとしたが、国民民主党は自身が影響力をもつ議会や政府の統制下におこうとした。軍のなかではオーストリア軍出身の将校が文民統制の考え方を受け入れた。ピウスツキは社会経済問題についてなにもいわなかったので、社会各層は幻想をいだいた。実際は、軍制以外の問題についてはほとんど意見をもっていなかったのである。

2　ピウスツキとその後継者

五月クーデタ

ピウスツキは農民党ピャスト派の指導者ヴィトスが一九二六年五月に内閣を組織したとき決起した。いわゆる五月クーデタである。ヴィトスはピウスツキの敵手である国民民主党とくみ、オーストリア軍出身将校の主導のもとに軍制改革を断行すると思われた。軍の指揮系統はほぼピウスツキ派の手中にあったが、首都の政府軍はよく抵抗した。地方では政府軍のほうがむしろ優勢であった。政府側にとって痛かったのは地方との連絡網をいち早く反乱側に握られたこと、鉄道労働者が政府軍の輸送を妨害したことであった。クーデタを弾劾したのは国民民主党とその同盟政党だけであった。社会党、農民党解放派、共産党さえもクーデタを支持した。保守派(大地主)はこぞって支持した。少数民族も支持するか好意的中立を守った。政府与党のなかにさえ支持者がいた。

クーデタの目的はいまひとつ明らかでなかった。三日間の戦闘で五〇〇人の死者がでたが、政府側にたいする報復や懲罰はほとんどなかった。政権構想さえもなかった。ヴォイチェホフスキ大統領が辞任し、下院議長ラタイ(農民党ピャスト派)が憲法の手続きに従って大統領代行に就任した。ラタイはピウスツキの推薦に基づいて、数学者で、勤労党(PP)という小党を率いるバルテルを政府首班に指名した。バルテル内閣はほとんど無党派の専門家からなり、性格においてそれまでの議会外専門家内閣とほとんど変わらなかった。国会も解散されなかった。五月末におこなわれた大統領選挙にピウスツキが出馬し当選したものの、就任は辞退し、かわりにモシチツキという、政界では無名の化学者を推挙した。モシチツキはたまたまバルテルから紹介されて浮かび上がってきた人物であった。六月に行政府の権限を強化した憲法改正案と時限的な授権法が国会に上程され、承認された。

このようにクーデタの性格はきわめて曖昧で、議会民主主義の形式が守られるかのようにみえた。決定的だったのは権威の源泉が議会からピウスツキ個人に移ったことであった。その真の意味合いが明らかとなるにはしばらく時間がかかった。

クーデタ後の三年間はバルテル時代といってよいだろう。ピウスツキは国防大臣として軍制改革に専念し、ほとんど日常政務に介入しなかった。外交政策についてさえ発言しなかった。バルテルは蔵相チェホヴィチ、商工相クフィヤトコフスキなど有能な協力者に恵まれ、世界経済の回復に助けられて経済政策の分野で注目すべき成果をあげた。失業者が減少し、国外移民が順調に進んだ。政府は農地問題や少数民族問題にも積極的に取り組んだ。

政府陣営は一九二八年三月の選挙に「政府協賛無党派ブロック（BBWR）」という組織をつくって臨んだ。選挙運動を組織したのはバルテルではなくて軍団以来のピウスツキの子飼いの部下、いわゆる「大佐グループ」であった。与党ブロックはサナツィア（浄化）と呼ばれたが、ピウスツキを支持し、政府の機能を強化するという以外には明確な綱領をもたなかった。選挙において親政府派は二五・七％を得票した。左派もおおいに躍進した（二六・八％）。非合法の共産党さえもフロント組織を使って六・九％を得票した。これにたいして少数民族は現状を維持し、右派と中道派が惨敗した。

選挙後、予想に反して与野党関係が緊張した。きっかけは政府が国会の承認なしに多額の予算を流用している事実が明らかとなったことである。このこと自体は国会に事後承認を求めればすむことであったが、ピウスツキはことさらに国会の権威を無視する行動にでた。チェホヴィチ蔵相が弾劾され、バルテル首相も辞表を提出した。なおも非を認めようとしないピウスツキにたいして中道左派連合（ツェントロレフ）が結成され、対決姿勢をとった。ピウスツキは一九二九年十月末、武装した将校一〇〇人を引き連れて国会にあらわれた。今一度バルテルを登場させて予算案を通過させたのち、大佐たちの一人、スワヴェクに組閣を命じた。これ以後ピウスツキは強硬策に転じ、野党との関係を修復不可能なものにしてしまう。

一九三〇年八月、ピウスツキは自ら内閣を組織し、国会を解散した。選挙を実施する前に中道左派議員を逮捕し、数千人の反対派とともにブジェシチの要塞監獄に収監した。十一月の選挙(「ブジェシチ選挙」)は前代未聞の干渉のもとにおこなわれた。はたして選挙は親政府勢力に大勝をもたらした。しかし、それはもはや正常な議会選挙ではなかった。

政治的緊張を高めた要因のひとつとして世界恐慌がある。その影響はポーランドにおいてとりわけ深刻であった。一九二九〜三三年に国民所得が二五%も下落した。それはヨーロッパで最悪の下落率であった。恐慌の影響はまず農業にあらわれ、ついで工業におよんだ。工業生産はようやく三二〜三三年に底を衝いた。失業率は三五年に四〇%に達した。労働者だけではなく知識人も失業に苦しんだ。

こうしたことを背景として一九二〇年代後半から左右の急進主義が目立ち始めた。共産党は二八年ころからいわゆる社会ファシズム論を採用して左旋回した。他方でドモフスキは「大ポーランド陣営」と称するファッショ的な政治運動を創始し、国民民主党を分裂させた。サナツィアにおいても似たような右翼急進主義が台頭した。少数民族の運動、とくにウクライナ民族主義者組織(OUN)が過激化し、暴力手段に訴え始めた。

大佐たちの政府

ピウスツキは選挙直後スワヴェクに首相の座をゆずり、以後大佐グループのあいだで一、二年ごとに回りもちさせた。健康が優れず日常政務は大佐グループに任せきりとなった。大佐たちは独裁者の意思と思われるものを熱心に、争うように実行した。ブジェシチ事件が明らかとなると世論が沸騰したが、政府は態度を改めず、かえって反対者にたいする迫害を強化した。あらたにベレザ‐カルトゥスカに強制収容所を設け、政治犯を収容した。多くの野党政治家は亡命をよぎなくされた。国民の民主的な権利は大幅に制限され、国会も権限を縮小された。大統領権限は一九三五年の憲法改正(「四月憲法」)によって絶対化された。

しかし、ピウスツキ体制がファシズムであったということはできない。ファシズムに特有の動員がなく、大衆運動がなかった。サナツィアは特定のイデオロギーを欠き、とくに人種主義的傾向を欠いていた。政府は一貫して反ユダヤ主義に反対の立場をとった。政府協賛無党派ブロックは一枚岩政党どころか、そもそも政党の体をなしていなかった。強制的画一化政策はおこなわれず、野党や反政府団体は弾圧されながらも最後まで活動を許された。いうまでもなく一般社会においては時代を反映してファッショ的風潮が高まった。とくに学生のあいだで反ユダヤ主義的雰囲気が強かった。しかし、大ポーランド陣営や「国民急進陣営(ONR)」のような過激な右翼運動は政府の手によって禁止されたのである。

国際情勢の急変に直面してようやくピウスツキは外交政策の転換を模索した。それは安全保障の要諦をフランスとの同盟政策ではなく自力に求め、東西の隣国にたいして等距離の原則に立って関係改善をはかるというものであった。まずソ連と不可侵条約を結び、ついでドイツとの関係改善を探った。

そのために親仏外交を象徴したザレフスキ外相を更迭して後任に側近のベックを据えた。ピウスツキはナチの台頭と政権掌握を重大視しなかった。ヒトラー政権が登場するとまもなく不可侵宣言を取り交わした。それはヨーロッパの国際関係を大きく転換させ、ヴェルサイユ体制を揺るがすものとなった。

一九三五年に独裁者が死去するとたちまち後継者争いが勃発した。抗争は大佐グループ内で起きるかと思われたが、意外にもその外側に二人の挑戦者があらわれ、大佐グループ自体は自滅の道をたどった。一人はモシチツキ大統領であった。スワヴェク首相が実施した総選挙が野党のボイコットにあって不調に終わると、モシチツキはすかさず首相を罷免して、後任を大佐グループ外から任命した。スワヴェクはそのうえ政府協賛無党派ブロックを解散して、大佐グループの権力基盤をほりくずした。もう一人は軍総視察官に任命されたリッツ＝シミグウィであった。リッツ＝シミグウィは急速に軍におけるピウスツキの後継者としての地位を固めた。この二人のあいだに不安定な妥協が成立して、以後は両派のあいだの派閥均衡人事として政府が存続することになる。スワヴォイ＝スクワトコフスキ首相はたんにそれを覆うだけの存在にすぎなかった。

独裁者が死去し景気回復の兆しがみえてくると、社会運動がおおいに活気づいた。一九三六年は両大戦間期において労働争議が頂点に達した年である。農民運動も大きな盛り上がりをみせ、三七年には一〇日間の全国ゼネストが決行された。各地で流血の惨事が起こり多くの死傷者がでた。こうしたことを背景に政治地図の再編が進んだ。一方、社会党、共産党、ユダヤ人ブンド、農民党などのあいだで協力が進んだ。地方は比較的自由であったので、これらの政党が地方議会で多数を占めることもまれではなかった。もっとも共産党は亡命幹部の大量粛清やコミンテルンの解散命令により組織としての活動を停止してしまった。

他方では農民党(一九三一年にピャスト派と解放派の合同がなる)、国民民主党、キリスト教民主党、国民労働者党など中道右派のあいだでもサナツィア体制に対抗する提携が進んだ。それはパデレフスキ元首相、ユゼフ・ハルレル将軍、ヴィトス元首相などの指導者が会したスイスの小邑の名にちなんでモルジュ戦線と呼ばれた。一九三七年にはキリスト教民主党と国民労働者党が合同して勤労党(SP)が誕生した。この党はシコルスキ元首相、ヴォイチェホフスキ前大統領、チェホヴィチ元蔵相など著名な政治家を集めることに成功する。

危機感をつのらせた政府陣営もリッツ=シミグウィを中心として「国民結集陣営(OZN)」というファッショ的な国民運動を起こし、クーデタを企てさえした。このときファッショ化の危険が頂点に達したが、一九三七年秋を境に急速にその勢いが衰えた。

一九三〇年代後期には経済が順調に回復した。それは「城」派の副首相兼蔵相であったクフィャトコフスキの手腕によるところが大きかった。クフィャトコフスキは経済にたいする介入主義を実施し、遅れた農業地域に工業基地をつくる「中央工業地帯(COP)」計画を推進した。このときの経験がのちの社会主義経済の建設においても多少役に立つことになる。

独裁者の遺言を忠実に守ろうとするベック外交は、ドイツの再軍備後しだいに非現実的、時代錯誤的性格をおびてきた。親独外交によってえた外交的自由を過大評価して大国主義的幻想にふけった。近隣諸国にたいするドイツの侵略政策のお先棒をかついで、危険が自らに追っていることを察知しなかった。ドイツがグダンスクの「返還」とポーランド回廊の承認を求め、さらに不可侵宣言の破棄を通告してきたとき、はじめて脅威を認識したが、もはや自力によっても同盟政策によってもそれを防ぐことはできなかった。

亡命政府と抵抗運動

第二次世界大戦はドイツのポーランドにたいする攻撃で始まった。ワルシャワはむしろ楽観的な気分で戦争をむかえたが、すぐその非現実主義を思い知らされる。勝敗は事実上一週間で決した。ポーランド軍は近代装備を誇るドイツ軍の敵ではなかった。

思いがけなかったのは英仏が同盟義務を守ってドイツに宣戦を布告したことである。じつはそれもかたちばかりで戦闘行為はほとんどなく、世に「奇妙な戦争」といわれた。一九三九年九月十七日にソ連がドイツとの事前取り決め(独ソ不可侵条約付属秘密議定書)に従って背後から侵入してきたときには、英仏はなんの措置もとらなかった。

独ソ両国は戦争勃発後たがいの勢力圏について再交渉し、九月二十八日にポーランドを折半した(独ソ国境・友好条約)。ソ連はウクライナ人、ベラルーシ人地域だけをとり、いわゆるカーゾン線以西のポーランド人地域をドイツにゆずった。その代償としてリトアニアを自らの勢力圏とした。この結果、旧ポーランド領のうち人口的に六一・六%、面積的に四八・三%がドイツに帰属することになった。

ドイツはさらにこれを二分し、ドイツに隣接する北部と西部をドイツ本国に編入し、その他の地域を総督府とした。ソ連はかたちだけの住民投票に基づいてウクライナ人地域をウクライナ・ソヴィエト共和国に、ベラルーシ人地域をベロルシア・ソヴィエト共和国にそれぞれ編入した。なお、ヴィルノ地方はひとまずリトアニアに引き渡し、のちにリトアニア・ソヴィエト共和国として併合している。いずれの地域においてもポーランド人は残忍な仕打ちを受けた。ドイツは編入地域を完全にゲルマン化し、総督府を植民地として搾取しようとした。長期的な目標はポーランド人の文化的な自意識を奪い、民族として消滅させることであった。このため精神的・文化的指導層を文字どおり物理的に抹殺し、残りの人口の教育水準を低くおさえ、労働力として使おうとした。

ユダヤ系住民にたいしては絶滅政策を採用した。一九四〇年一月からユダヤ人居住区(ゲットー)を封鎖し、食糧供給を生存水準以下におさえた。四二年一月から「ユダヤ人問題の最終的解決」の名のもとに各地のユダヤ人をオシフィエンチム(アウシュヴィッツ)、トレブリンカ、マイダネクなどの絶

バルト海
ニエメン川
1941年から
ヴィルノ
帝国全権領
グディニャ
グダンスク
1939年から
ドイツ本国に
併合
スヴァウキ
ヴィスワ川
グロドノ
ノヴォグルデク
ビャウィストク地方
ビャウィストク
1941年から
ドイツ本国に
併合
東方国
ビドゴシチ
トルン
1939年からドイツ本国に併合
ポズナニ
グニェズノ
ヴァルタ川
ワルシャワ
シェドルツェ
ブジェシチ
ピンスク
ウッチ
プリピャチ川
ピリツァ川
ラドム
ルブリン
1941年から
帝国全権領
オドラ川
チェンストホヴァ
キェルツェ
総督府
ヘウム
ウツク
ザモシチ
ウクライナ
カトヴィツェ
クラクフ
ヴィスワ川
ガリツィア
地区
ジェシュフ
サン川
プシェミシル
リヴィウ
タルノポル
チェシン
ノヴィ・タルク
1941年から総督府に
併合
ドニエストル(ドニエプロ)川
スタニスワヴフ
プルト川
1939年のポーランド国境
1939年にリトアニアに併合された領域
1939年9月28日の独ソ勢力圏の境界
占領行政区分の境界
0
100km

第二次世界大戦中のポーランド(1939〜44年)

滅収容所に移送し、計画的に殺戮した。死の収容所ゆきを前にしたワルシャワ・ゲットーの住民は四三年四〜七月に絶望的な蜂起を敢行した。絶滅政策の犠牲となったユダヤ系ポーランド人はあわせて二七〇万と推定される。

ソ連は民族的には差別しなかったが、政治的に信頼できない分子を物理的に抹殺しようとした。それは主として旧ポーランドのエリート層だった。共産党政治局は、一九四〇年三月五日の決定によって、捕虜としたポーランド軍将校一万四五五二名と、占領下で逮捕した旧体制関係者七三〇五名を秘密裏に射殺した。これはのちにカティン事件として世界に知られることになる。このほかに四〇万人がソ連内奥に追放され、その二割が寒気、飢餓、その他によって絶命した。二〇万人が徴兵され、懲罰的な仕事に従事させられた。さまざまな迫害を受けた者はあわせて一〇〇万人にのぼった。

国外では戦前の野党を中心として亡命政府をつくる動きが起こった。正統性を確保するためにルーマニアに亡命したモシチツキ大統領がパリに亡命していたラチキェヴィチ上院議長を後継者に任命し、新大統領のもとで政府を組織するというかたちがとられた。こうして成立したシコルスキ政府は英仏や米国の承認をえた。亡命政府は国外に亡命軍、国内に武装闘争同盟（のちの国内軍）という軍事力を発展させた。

一九四一年六月の独ソ開戦はポーランドを微妙な立場においた。ポーランドはなおソ連と交戦状態にあったが、西側連合国はソ連と同盟を結ぼうとしていた。シコルスキ首相は旧サナツィア系の政治家の反対を押しきってソ連と国交を回復する協定に調印した。ソ連内では亡命政府直属のポーランド人部隊が創設され、各地に抑留されているポーランド人のあいだで募兵活動がおこなわれた。

しかし、亡命政府とソ連との関係は領土問題をめぐってしだいに緊張し始めた。在ソ・ポーランド軍(アンデルス軍)七万は一九四二年八月までにコーカサスをこえて中東に撤退し、西部戦線の亡命軍に合流した。ソ連はポーランド内に活動家を潜入させてそれまでコミンテルンの決定によって解散状態にあった共産党を「労働者党」という名前で復活させる一方で、ソ連領土内に「ポーランド愛国者同盟(ZPP)」とその武装勢力「コシチューシュコ師団」の設立を準備させた。

ちょうどこのとき、ドイツがスモレンスク郊外のカティンの森でソ連当局によって虐殺されたポーランド軍将校の遺体を発見したと発表した。亡命政府は国際赤十字に調査を依頼したが、ソ連はただちに利敵行為を理由として外交関係の断絶を通告してきた。ソ連は以後半世紀近くカティンの犯罪はドイツ当局によるものだといいはることになる。当面のソ連の狙いは亡命政府の政権復帰を不可能とすることだった。ソ連は対抗政府としてポーランド愛国者同盟を発足させ、国内でも共産党(労働者党、以下同じ)に「全国国民評議会」を設立させる。この間にシコルスキ首相は不慮の事故で世を去り、農民党のミコワイチクがあとを継いだ。

英米首脳はテヘラン会談でソ連首脳の要求をいれ、ポーランドの東方国境をカーゾン線、西方国境をオーデル・ナイセ(オドラ・ニサ)線とすることで合意した。チャーチル英首相はこれを亡命政府に呑み込ませようとしたが、亡命政府は頑として受け入れなかった。この間にソ連軍は旧ポーランド国境をこえ、さらにカーゾン線にも近づいて事実において国境問題を解決しつつあった。スターリンは全国国民評議会の代表団が国境線をこえてモスクワにたどり着いたのを歓迎し、形式上はこれを表に立て、実際には亡命共産党員を中心として、ソ連軍によって解放される地域に樹立されるべき政府的権威を準備させた。

ソ連軍によるワルシャワ解放が目前に迫ったかに思われた一九四四年八月一日、国内軍は蜂起を決意した。いわゆるワルシャワ蜂起である。蜂起は軍事的にはドイツを、しかし政治的にはソ連を敵とするものであった。彼らは一国の主《あるじ》としてソ連軍をむかえようとしたのだった。事前にソ連側と連絡することなしに蜂起に突入したが、これは成否がソ連軍の来援にかかっていたことを考えれば無謀であった。ちょうどこのころドイツ軍はワルシャワ周辺で防御態勢を固めつつあり、ソ連軍もバルカン方面への転進を考えていた。

はたしてソ連はワルシャワの手前で進撃を停止し、蜂起にたいして積極的な援助をおこなわなかった。ようやく一カ月半後に多少の行動を起こしたものの、蜂起を救うにはあまりに遅すぎ、また少なすぎた。蜂起側の意図が政治的であったとすれば、ソ連側の意図もまた政治的であった。ソ連は反ソ勢力を自滅させて戦後の体制づくりに役立てようとしたのである。

六三日間の蜂起で首都は破壊しつくされ、一万八〇〇〇の戦闘員と一八万の市民が死んだ。無謀な行為の真の意味合いは歴史のみが評価できるだろう。亡命政府は領土問題における非妥協的な態度によって西側連合国の支持を失い、また蜂起の失敗によって国内基盤を失って帰国の道を閉ざされた。

3　リトアニア

ロシア統治下のリトアニア

一七九五年の第三次ポーランド分割の結果、リトアニアはロシア帝国の属州となった。それによってロシアの行政制度が導入され、リトアニアは、ヴィリナ(ヴィルニュス)県、コヴノ(カウナス)県、スヴァルキ(スヴァウキ)県、グロドノ(フロドナ)県などに分けられ、ヴィリナ県などはヴィリナ総督府によって統治された。十四世紀後半以来リトアニアは四〇〇年間、ポーランドと同君連合国家の関係にあったため、ポーランドの制度が残り、また、ローマ・カトリックの土地であったため、ロシア正教を奉じるロシアとは、あいいれない風土をもっていた。リトアニアがロシア領となる前、すでにリトアニアの多くの地主・貴族の上層階級はポーランド文化を身につけ、リトアニア語を知らず、ポーランド語を日常語とし、リトアニア人としての民族性を失っていた。彼らは「生まれはリトアニア人、国籍はポーランド人」と称して憚らなかった。そしてリトアニアがロシア領になったのちも、ポーランド・リトアニア国家の復活の夢を断ち切ることができなかった。

カトリック教会の聖職者もポーランド人が多く、教会ではもっぱらポーランド語が用いられていた。リトアニア語を話し、古来の民族文化を保持していたのは、農民のみであった。ちなみにリトアニア語はインド・ヨーロッパ語族の現存語のなかでもっとも古風な言語であり、十九世紀中期、比較言語学が盛んになると貴重な言語として世界的に注目されるようになり、民族のアイデンティティの証しとしてその後のリトアニア再生運動の原動力となった。

ロシアの統治が始まると、農民の生活は劣悪化した。ロシアの農奴制はポーランド・リトアニア国家のそれより厳しかったからである。収穫の三分の一を税としておさめねばならず、また農民の子弟は新兵として徴用され、時には二五年の長きにわたってロシア内陸で兵役に仕えねばならなかった。そのため多くの農民が都市に逃亡した。ロシア・ツァーリの支配に抗してポーランドで起きた武装蜂起に呼応し、一八三一年と六三年にリトアニア全土で蜂起が起こった。農民は農奴制度の廃止を求め、地主貴族（バヨーラス、ポーランドのかつてのシュラフタ身分）はポーランド・リトアニア国家の復活のためにツァーリ政府に抵抗した。しかしロシアの軍隊によって蜂起は鎮圧され、反ロシア化運動の中心となっていたヴィルニュス大学（一五七九年開設）は一八三二年に閉鎖され、多くのカトリック教会が没収され、ロシア正教の教会に変えられた。また学校ではそれまで使用されていたポーランド語が禁止されただけでなく、リトアニア語を話すことも許されず、ロシア語の使用が強制された。六一年、ツァーリ政府は農奴制の廃止を公布したが、五〇年間のうちに土地代を弁済せねばならないという条件付きのものであり、農民を満足させるものとはならなかった。六三年の再度の激しい蜂起にたいし、ツァーリ政府はヴィリナ総督にムラヴィヨフを任命した。彼は蜂起の首謀者たちを容赦なく絞首台で処刑したため、後世「首吊屋」の悪名で世に知られる。六四年にはリトアニアの全面的なロシア化を進めるために、リトアニア語の出版物にロシア文字(キリル文字)を使用することを強制し、リトアニア語本来のラテン文字の使用をすべて禁止した。

しかしツァーリ政府の予想に反し、禁止令はロシア化を促進するどころか、かえってリトアニア人の民族精神を目覚めさせた。初期の民族再生運動は、主としてヴィルニュス大学を卒業したジェマイティヤ地方(リトアニア北西部、カウナス県)出身のリトアニア人たちによって導かれた。なかでもダウカンタスは、リトアニア語で最初のリトアニアの歴史書を著したばかりでなく、民話や民謡を採集し、民族再生運動の先駆者となった。ジェマイティヤ司教ヴァランチュスは優れたリトアニア文学の作品を残す一方で、ラテン文字の書物を東プロイセンの小リトアニアのティルジット市で印刷させ、広範な輸送網をつくって、書籍を全土に普及させ、農民の啓蒙につとめた。一九〇四年に出版禁止令が解かれるまで約四〇年間、農民の子どもたちは納屋を利用した秘密の学校でリトアニア語の読み書きを教えられた。この時期をリトアニアの歴史家たちは「困難な学校時代」と呼んでいる。

一八八〇年代には、豊かな農耕地帯で知られるスヴァルキヤ地方(リトアニア南西部)の農民たちのなかから新しい世代の知識人が輩出した。彼らの多くはマリヤンポレ市のギムナジウムで学んだのち、さらにモスクワ、ペテルブルグ、ワルシャワなどの大学で医学、法学、農学などをおさめ、民族再生の指導者として育っていった。八三年にはヨーナス・バサナーヴィチュスによって、最初の月刊紙『アウシュラ(曙)』が東プロイセンで発行され、八九年にはヴィンツァス・クディルカ(リトアニア国歌の作詞・作曲家)によって新聞『ヴァルパス(鐘)』が発行された。前者は民族の歴史・文化・言語の再生に、後者はのちに政界で活躍する人材の育成に多大の貢献をした。

リトアニアの再生

一八九六年にリトアニア社会民主党が誕生、一九〇二年にリトアニア民主党、一九〇四年にリトアニア・キリスト教民主党が誕生した。一九〇五年第一次ロシア革命が起きると、リトアニア全土のあらゆる階層と政党の代表者約二〇〇〇人がヴィルニュスに招集され、バサナーヴィチュスを議長とし、十二月四~五日リトアニア人の集会「ヴィルニュス大議会」が開催され、ツァーリ当局にたいしリトアニア人の自治権を求める決議を採択した。

一八九七年の人口調査によれば、リトアニアの人口は三七八万人(一九九七年現在のリトアニアとほぼ同数)、そのうちリトアニア人は約六七%の二五六万人であった。そして農村人口は八六%を占めていた。リトアニアは資源が乏しく、工業の発達が遅れ、農業と酪農の国であった。

それまで農民の話しことばとみなされてきたリトアニア語は、出版禁止令のもとで、やがては消滅するのではないかと国の内外で危惧された。しかし「国語の父」と称されるヤブロンスキスの努力によって、彼の故郷スヴァルキヤ地方の方言をもとに現代標準語が確立され、リトアニア語は民族のアイデンティティとして復活した。リトアニア語による初期の書物はすべて宗教改革時代のキリスト教布教のためのもので、最初の書物はマージュヴィダスによる翻訳、ルターのプロテスタント派の『教理問答』(ケーニヒスベルク、一五四七年)である。リトアニア国内で出版されたものとしてもっとも重要な書物は、ダウクシャによるポーランド語からの翻訳、カトリック派の『教理問答』(ヴィルニュス、一五九五年)である。世俗文学では十八世紀中ごろにリトアニア文学の最高傑作と称されるドネライティスの叙事詩『四季』が東プロイセンのリトアニア語域で書かれた。民族再生期の代表作としてはバラナウスカスの長詩『アニークシュチェイの松林』(一八五八年)、マイローニス『新生リトアニア』(一八九五年)、農民女性作家ジェマイテ『秋の夕べ』(一八九五年)があげられる。芸術部門ではリトアニアを象徴する作曲家・画家チュルリョーニスが生まれ、とくに交響詩『海』(一九〇七年)は名高い。

両大戦間のリトアニア

第一次世界大戦が始まり、リトアニアはロシアとドイツの戦場と化し、一九一五年にはドイツの占領するところとなった。一七年、ドイツとロシアの強国が戦争で疲弊していくなかで、リトアニア人は独立の機会をうかがい、ドイツ政府に彼らの自治を認めることを求めた。その結果、リトアニアがドイツと緊密な協定を結ぶという条件で許可をえた。九月十八〜二十二日、リトアニア各地の代表二二二人が集まり会議を催し、民主的な独立国家を再建することを決議、二〇人からなる「リトアニア評議会(タリーバ)」が設立された。十一月、レーニンの率いるボリシェヴィキが権力を奪い、ロシアが動揺しているおり、一八年二月十六日、バサナーヴィチュス以下評議会全員が独立宣言書に署名し、リトアニアはヴィルニュスを首都として独立し、他民族とのあいだにもっていたすべての関係を絶つことを宣言した。三月二十三日、ドイツはリトアニアの独立を認めたものの、リトアニアがザクセン公かプロイセン公の君主下にはいることを望んだため、妥協策としてカトリックのヴュルテンベルク家のウラハ公をリトアニア王にいただき、立憲王国となることで事態をおさめようとした。しかしそれが実現をみないまま、ドイツは戦いに敗れた。十一月に暫定憲法が採択され、新しい政府が誕生した。

独立初期のリトアニア国家の前途は困難をきわめた。一九一八年末、ソヴィエト・ロシアの赤軍が撤退するドイツ軍を追撃し、リトアニアに侵攻してきた。カプスカスに率いられたリトアニア共産党のボリシェヴィキはロシア赤軍の到着を待って、その援護のもとに、十二月ヴィルニュスで政権を樹立し、すべての施設の国有化を宣言した。そのためリトアニア政府は臨時に首都をカウナス(コヴノ)に移すことをよぎなくされた。しかし翌年二月にボリシェヴィキはリトアニア義勇兵の軍隊によって

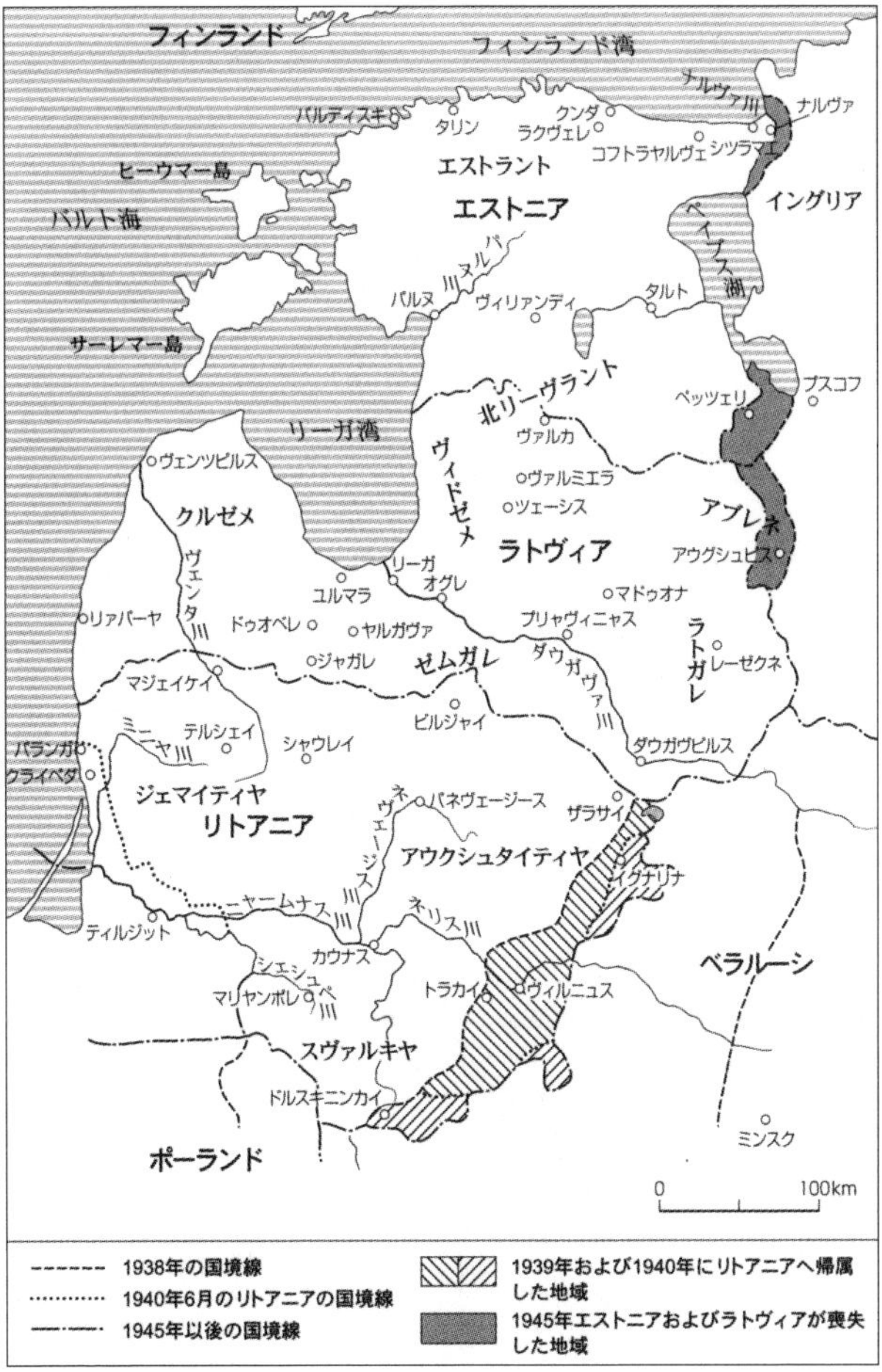

第二次世界大戦後のバルト三国

敗退し、その後の独立期を通じてリトアニア共産党の国内での合法的な活動は終息した。

一九一九年四月には、ポーランド軍が、旧リトアニア大公国の領土を求め、ヴィルニュスと周辺地域を占領した。しかし、翌年七月、ポーランド軍はロシア赤軍との戦いに敗れ、ソヴィエト・ロシアとリトアニアのあいだで講和条約が七月十二日、モスクワで結ばれ、ヴィルニュス地方はリトアニアに渡される合意がなされた。しかしポーランドはふたたびソヴィエト赤軍を撤退させ、ヴィルニュスを占領した。十月七日、協商国の参加する席で、ポーランドとリトアニア間でヴィルニュス地方に関する合意文書の調印が取り交わされ、ヴィルニュスはリトアニアに帰属することとなったが、十月九日、ジェリゴフスキ将軍の率いるポーランド軍がふたたびヴィルニュスと周辺地域を占拠した。ポーランドとリトアニアの領土をめぐる係争問題は国際連盟で取り上げられたが、結局、三九年にいたるまでポーランドの占拠するところとなった。

大戦後、クライペダ（ドイツ名、メーメル）地方はドイツから切り離され、協商国であるフランスの管理下に置かれていた。リトアニア政府はこれを武力により奪取することを決め、一九二三年一月九～十日に一〇〇〇人以上の義勇兵がリトアニアからクライペダ地方に進入した。彼らは、地元住民とともに武装蜂起を起こし、権力を掌握した。そして同月下旬、クライペダ地方はリトアニアに編入された。バルト海への唯一の出口を獲得できたことは、リトアニアにとって大きな成果であった。

大戦末期の一九一八年十一月、ヴォルデマーラス（民族進歩党）が独立リトアニアの首相に指名され政府を組織した。一九年四月四日にはアンターナス・スメトナ(民族進歩党、のち民族主義連合)が初代大統領に選ばれた。翌年四月に議会選挙がおこなわれ、憲法制定議会(一九二〇〜二二年)が発足した。キリスト教民主党を中心とする右派内閣がつくられて、農地改革が実施され、憲法が成立した。キリスト教民主党はその後の二回の選挙で政権を維持し、ストゥルギンスキス(キリスト教民主党)が大統領に選ばれたが、二六年の第三議会議員選挙で同党は敗北した。農民人民連合と社会民主党それにベラルーシ人、ポーランド人、ユダヤ人、ドイツ人といった少数民族の議員による中道左派の連立内閣が成立し、大統領にはグリニュス(社会民主党)が選出された。しかし、左派政権の自由主義的政策は右派の反発を招いた。二六年十二月十七日、軍部がクーデタを決行し、大統領と全閣僚を辞任させ、スメトナ(民族主義連合)を大統領に選んだ。スメトナは再度大統領となり、一四年間独裁政治をおこなった。彼は共産主義者には断固とした措置をとり、大統領の権限を強化する二度の憲法改定をおこない、地主には従来の規制の約二倍の一五〇ヘクタールの土地を所有できる優遇策をほどこすなど、強権をふるったが、国の経済を発展させ、概して穏健な独裁者であった。スメトナは多額の費用を軍事力と教育に向けた。在職中に識字率は大幅に上昇した。

独立期にはさまざまな思想的傾向をもった社会活動家にして優れた作家、ヴァイジュガンタス、ミコライティス－プティナス、クレヴェーが輩出し、また特異なリトアニアの哲学者ヴィドゥーナスが誕生した。

4 ラトヴィア

ロシア支配下のラトヴィア人居住地域

ラトヴィア人の居住地域は、リーガ湾に流れ込むダウガヴァ(デュナ、西ドヴィナ)川を挟んで南北に広がっている。ダウガヴァ川河口の都市リーガ(リガ)を擁するダウガヴァ川北部のヴィドゼメ、西部のクルゼメ、東部のラトガレ、ダウガヴァ川南部のゼムガレ(ゼムガレン)の四地方がある。

この地に十二世紀以来進出してきたドイツ人の支配は、リーガを拠点として広がり、地主貴族として、またハンザ商人として長く続いた(バルト・ドイツ人と呼ばれる)。ドイツ人の進出以来、この地域は、周辺諸民族の領土的関心に翻弄され、十六世紀になるとドイツ人のリヴォニア騎士団領は、地主貴族の台頭とルター派キリスト教の普及により存在意義を失い、消滅した。解体したリヴォニア騎士団領のうち、リヴォニア戦争(一五五八~八二年)の結果、スウェーデン領となった部分はエストランドと呼ばれ、他方、まずポーランド領となり、その後十七世紀前半にスウェーデン領となる地方がリヴラント(北部はエストニア人居住地域で、南部のラトヴィア人居住地域がヴィドセメ)と呼ばれた。この戦争で進出するロシア人を防衛するためポーランド人から支援を受けたラトガレはポーランドとリトアニアの共同統治領(インフランティ)に、一方南西部のクルゼメとゼムガレに一五六一年につくられたクールラントはポーランド・リトアニアの合同国家に臣従した。スウェーデン領であったヴィドゼメは大北方戦争で勝利したロシアに移譲され(一七二一年ニスタット条約)、ロシア帝国領となった。ポーランド下のクールラント領およびラトガレは十八世紀末の三回にわたるポーランド分割によってロシア帝国領に編入され、ここにすべてのラトヴィア人居住地域はロシア帝国に属することとなった。ロシア帝国では当地域は沿バルトのクルリャンド県、リヴリャンド県に区分され、また、ラトガレはヴィテプスク県に属していた。しかし、実質的支配はドイツ人地主貴族にあり、その支配は二十世紀になるまで続いていた。

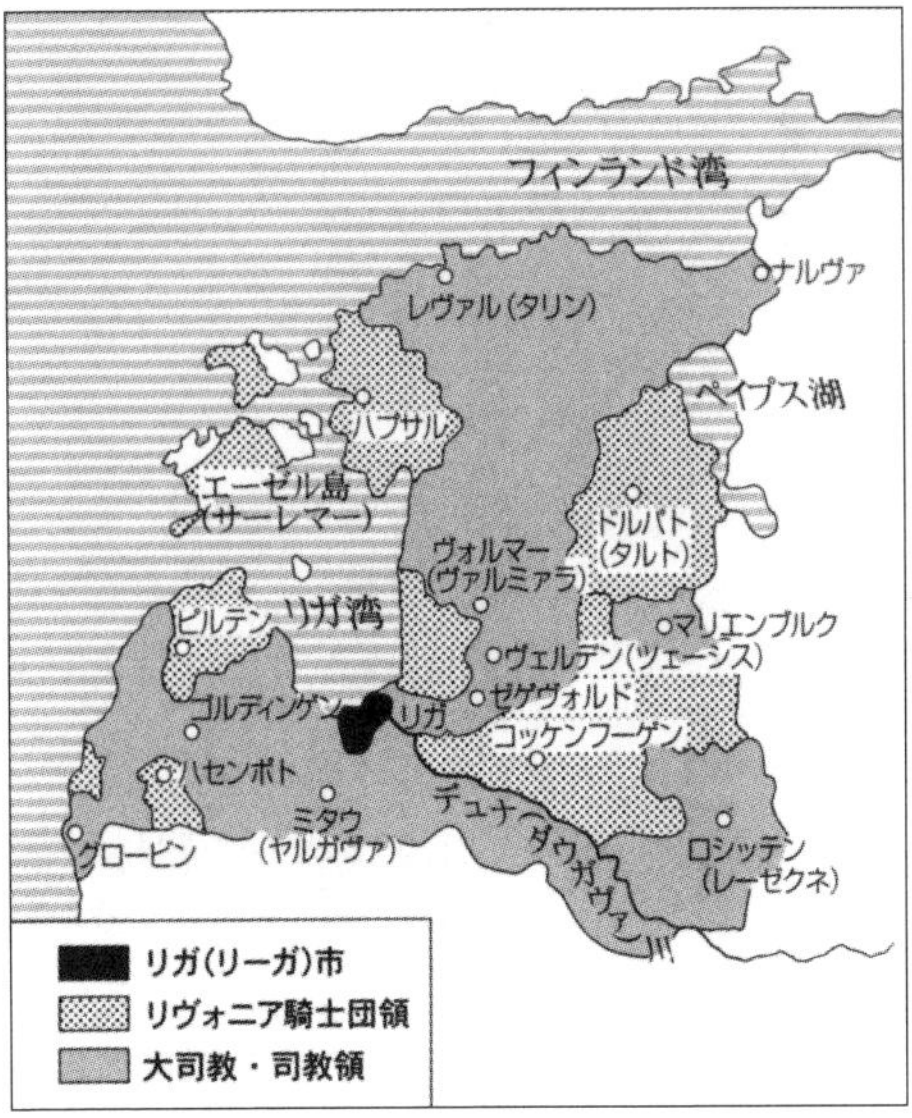

1400年ころのリヴォニア

　ロシア帝国領でのラトヴィア人にたいする統治は、当初、バルト・ドイツ人地主貴族を介在するかたちで進められたが、十九世紀前半に、バルト海東南岸地域をあらたな行政区に改編後、ある程度のバルト・ドイツ人の特権は認めつつも、ロシア化政策が強化されていった。ロシア化政策が本格化したのは、一八七〇年、アレクサンドル二世によってである。

ラトヴィア人居住地域では一八一〇年代にすでに農奴解放が実施された。このことは、エストニア人居住地域を除き、ほかのロシア帝国領内では六〇年代になってようやく実施されたことから考えて、特筆すべきである。これは、ロシア帝国政府が中央集権的な政策に乗り出したことをあらわしている。つまり、農業改革を実施することで、バルト・ドイツ人地主貴族がこの地域ではたしてきた特権的役割に、帝国政府が強く介入し始めたということである。

ラトヴィア人の民族意識と運動

ラトヴィア人に民族としての文化的活動をうながしたもののひとつとして、ヘルダーの活動をあげることができる。ヘルダーは、東プロイセン生まれで、若いときにリーガで牧師補をしていた。彼の活動は、バルト・ドイツ人牧師の活動をうながしただけにとどまらず、ラトヴィア人の文化的な運動をも呼び起こした。そのひとつとして、一八二四年に「ラトヴィア文学協会」が設立された。その指導者には、クルゼメの牧師でかつ言語学者であったビーレンシュタインがいた。民族主義は、文化的なものから始まった。たとえばバーロンスは民族歌謡の収集につとめ、歌謡集『ダイナス』を編集し、ヴァルデマールスは、ペテルブルグでラトヴィア語の新聞『ペーテルブルガス・アヴィーゼス』を六三年から発行している。七三年に始まった民族規模の定期的な歌謡祭も重要な役割をはたした。また、民族の叙事詩としてプンプルスが、八八年にラトヴィア語で著わした『ラーツィプレーシス（熊を裂く人）』は、侵略してきたドイツ人にたいするラトヴィア人の戦いを描いたものであるが、これはラトヴィア人としての意識の高揚に重要な役割をはたした。この八〇年代には、「ラトヴィァシュ・ヴァルォダ（ラトヴィア語）」あるいは、「ラトヴィヤ（Latvija）」という単語がつくりだされ、ラトヴィア人という民族としての意識の存在がここに読みとれるが、この単語が定着するのは二十世紀になってからのことである。しかしながら、六〇年代に始まりアレクサンドル三世の八〇年代には一層強化されたロシア化政策は、これらを当面は文化的なものに押しとどめ、政治的なものへと発展をうながすことはなかった。

ラトヴィア人の民族主義者の運動は、ロシア化政策とあいまって、上層階級のドイツ人を敵視し、ロシア人民族主義者を同盟者としてとらえるようになった。ラトヴィア人農民の反感を危惧するバルト・ドイツ人地主貴族やブルジョワジーは、一八七九年にリヴラント（リヴリャンド県）で、これまで地主貴族だけが握っていた地方行政に、ラトヴィア人農民の代表を参加させるという改革をおこなった。

初期のラトヴィア人の民族主義運動は、一八六八年に設立された「ラトヴィア協会」に代表されるような民族文化的なものであったが、九〇年代にはいると「新思潮（ヤウナー・ストラーヴァ）」と呼ばれる社会主義思想を取り入れた政治的運動がそれにとってかわるようになった。これは、詩人のライニスやその義兄弟のストゥチカ(一九一八年につくられたラトヴィア・ボリシェヴィキ政府の首班となった)の指導のもとに、『ディアナス・ラパ(毎日紙)』を発行した。「新思潮」のメンバーや急進的民族主義者の多くは、亡命を強いられ、ロンドン、チューリッヒに国外追放グループをつくって活動を継続した。

民族主義運動が展開された十九世紀後半のラトヴィアでは、鉄道の敷設、産業の推進がみられ、その中心地のリーガの人口は、一八六七年には一〇万二五九〇人であったのが、九七年には二五万五八七九人と急増し、一九〇〇年に稼働していた工場総数は二一三六、労働者は五万五〇〇〇人をこえた。また、ハンザ同盟以来東西の通商の拠点で、とくにイギリスやオランダをはじめとするヨーロッパ市場と後背地ロシア市場を結ぶ交易商業都市として発展してきたリーガは、不凍港に近い有効な港であり、十九世紀末にはロシア帝国内の主要な都市に発展していた。都市の発展とあらたな社会層の台頭が、九〇年代にドイツから流入してきた社会主義思想の基盤となった。

ロシア帝国政府の厳格なロシア化政策にもかかわらず、民族主義は十分ではないにしろ、ある程度の持続性をもって発展した。その要因のひとつとして、運動の指導者に限らず、ラトヴィア人労働者、農民がロシア人と比べると遥かに高い識字率(平均八割近い)を示していたことがあげられるだろう。

独立国家への道

十九世紀後半に覚醒したラトヴィア人の民族的活動は、ロシア化政策のため制約があり、政治的発展は困難であった。一方、十九世紀前半の農奴解放とその後の交通機関や産業の発展にともない、都市のラトヴィア人住民、とくに労働者が急増しており、十九世紀末には、ドイツ社会民主主義の影響を受容できる社会となっていた。この社会層を基盤に、民族にアイデンティティを求めない運動が「新思潮」と呼ばれる知識人グループによって起こっていた。

民族の覚醒は、支配層のバルト・ドイツ人地主貴族にたいする敵対心を生み、これは一九〇五年の革命で表面化した。しかし、ロシア帝国政府は、厳しい抑圧政策で臨んだため、高まりをみせていた民族意識や社会主義運動は水面下のものとなった。

これをふたたび引き出したのが、第一次世界大戦の勃発であった。ドイツ軍の東進で、早くも一五年秋にはクルゼメが占領されたため、そこにラトヴィア人義勇兵からなるラトヴィア人ライフル団の編成が、ロシア帝国政府によって認められた。他方、ドイツはバルト海東南岸の占領地域に行政単位としてバルティクムをつくり、大規模な入植を計画していた。一七年二月のロシア革命は、ドイツ軍未占領ラトヴィア人居住地域にも波及し、民族主義グループから社会主義グループまで多数の政党、組織がつくられた。民族主義グループと社会主義グループのラトヴィアでの実権をめぐる争いのなかで、自治からラトヴィアという国家の独立が求められていくことになる。一七年九月三日には、リーガがドイツ軍の占領下に落ちるが、分裂したラトヴィア人の実権争いは未占領地域、さらには国外活動によって継続された。とくに、ラトヴィア人ライフル団内ではボリシェヴィキが優勢で、十月革命後の全ロシア憲法制定議会選挙でも、九六・五%を獲得した。また、未占領のヴィドゼメ地方でもボリシェヴィキは全投票数の七二%を獲得した。しかし、二月革命以後明確に政治的自治を要求していたラトヴィア人ボリシェヴィキは、この選挙後、民族自決を原則的に唱えるだけとなった。これは、ロシアのほかの地域で、ボリシェヴィキが必ずしも勝利しておらず、ロシアの政党の支部に位置づけられていたラトヴィア社会民主党ボリシェヴィキがロシアのそれに同調したのかもしれない。これに対抗して、民族主義グループが独立を明確に求めるようになっており、十一月十八日にはラトヴィア人臨時民族会議(LPNP)を設立、民族の代表であることを認めさせようと国外での活動、とくに協商国との接衝に奔走した。

ラトヴィア人ライフル団を中心とする赤軍がリーガを奪還すると、一八年一月一日にはそこに評議会政府「イスクォラト」が成立した。しかし、ドイツ軍が二月に攻撃を再開したため、「イスクォラト」は撤退、モスクワで終幕した。三月三日のブレスト・リトフスク条約によって、ソヴィエト・ロシア政府は、ラトヴィア人居住地域の支配を実質的に放棄することとなり、先述のドイツの「バルティクム」計画の実現が進められ、「バルティクム」国家設立とそのドイツ帝国への編入は実現の見込みとなっていた。だが、一八年秋までには西部戦線でのドイツ軍の敗北は決定的となり、また、十一月革命の発生でドイツ帝国は瓦解した。ラトヴィア人民族主義者グループはラトヴィア人民会議を発足させ、十一月十八日、独立を宣言した。

農民同盟の指揮者であったウルマニス率いる臨時政府は、停戦条約にもかかわらず占領を続けるドイツ軍を撤退させる必要があった。また、ドイツ軍未占領地域ではラトヴィア人ボリシェヴィキ勢力がストゥチカ率いる臨時ソヴィエト政府を成立させていた。ボリシェヴィキ勢力に追われたウルマニス臨時政府は、ドイツ軍とともにリァパーヤに逃れ、ドイツの保護下におかれた。協力してボリシェヴィキと闘ったウルマニス臨時政府とドイツ軍は、リーガを再度奪還したが、一九年四月にはゴルッ将軍率いるドイツ軍の介入によって、親ドイツのニードラ政府が設立されたため、ウルマニス政府は、リァパーヤ港沖のイギリス艦隊の保護下にはいった。ウルマニス政府はさらに、ゴルツ将軍とロシア白軍のベルモント゠アヴァロフとが協力する事態に直面したが、エストニア軍と連合軍の支援をえて、ドイツ軍を一九年末までに撤退させ、また、ボリシェヴィキ軍も二〇年春までに撤収した。四月十一日に、ウルマニス政府はソヴィエト・ロシア政府と平和条約を締結した。

ボリシェヴィキ勢力としてのラトヴィア人ライフル団は、民族主義グループ勢力の国家独立にとって、独立戦争での内戦を長期化させた要因である一方で、レーニンの護衛兵をはじめとして、ロシア革命の遂行には大きな役割をはたしたといわれている。独立後にも、ソヴィエト・ロシア(一九二二年以降、ソ連邦)に残ったラトヴィア人が、二二年に総人口のわずか〇・一五%であるにもかかわらず

1930年ころのラトヴィア

(二六年には、ソ連邦内のラトヴィア人は約一五万人)、共産党員は二・五三%おり、二四年の第一三回党大会では、代表の約七%がラトヴィア人であったという点は、特筆すべきであろう。

独立国家としての歩み

ウルマニス政府は、対内的にはラトヴィア人ボリシェヴィキ勢力に対抗することで勢力を結集し、対外的には敵であるドイツ軍を巧みに利用した。また、連合国勢力、とくにイギリスの支援に期待をかける一方、すでに占領から解放されていた隣国エストニアからの援助を引き出すという手腕を発揮したことによって、独立国家をかちえた。対外政策を重視せざるをえなかったことは、すなわち、国内の支持基盤の脆弱《ぜいじゃく》さの露呈をも意味した。

ラトヴィアは、ヴィドゼメ、ラトガレ、クルゼメ、ゼムガレの四地区(選挙区はこれにリーガ市が加わる)で構成された。戦争の影響は、都市の人口が一九一四年に四〇・三%であったのが、二〇年に二三・五%に激減し、人口の地方への移動は大きく、戦間期を通じて、都市人口は戦前の比率に戻ることはなかった。

ラトヴィア共和国は議会制民主主義の国民国家をめざして、国際連盟にも加盟、農業改革をはじめとする内政の諸改革を実施した。土地改革では、地方の私有地では一一〇ヘクタールをこえる所有地の国有化が定められ、その再分配がはかられた。独立前には、総人口のわずか三・六%(一九二〇年)を占めたバルト・ドイツ人貴族は、農耕地の約四八%を所有していたのである。二〇年に着手された土地改革の実施によって、二〇年に一四万一七二三だった農場が三五年には二七万五六九八と倍増した。このような農業政策は、土地なし農民に土地を約束したことがラトヴィアでのボリシェヴィキ勢力の拡大につながったこと、また、地方の人口比が戦間期平均して六五〜七五%であったことからも、ラトヴィア政府にとって、きわめて重要なものであった。

ロシア帝国時代、ラトヴィアの港は非常に重要な役割をはたしていた。このラトヴィアの諸港を通じた西欧とロシアとの貿易も一四年以降激減した。ラトヴィアからの主要な輸出品としては木材製品があり、主要貿易相手国は、イギリスとドイツで、ソ連への輸出は多くはなく、経済市場として西欧諸国に目を向けていた。また、金属製品業、食品業、繊維産業が主要な産業として発展し、二〇年に一四三〇あった企業数(労働者六万一〇〇〇人)は三七年には五七〇〇(二〇万五〇〇〇人)にふえている。

二二年に制定された憲法では、最高権力はセイマ(ラトヴィア議会)におかれ、初代大統領は、法律家でロシア帝国議会議員であったチャクステが選出された。セイマは、三年任期の議員一〇〇名からなる一院制議会である。ラトヴィア国民による議会制民主主義体制の国民国家をめざし、ラトヴィア民族は諸民族のひとつとして、また他の小数民族も平等に位置づけられていた。議会には、一七年以来、主要な政党であった農民同盟、ラトヴィア社会民主党をはじめとして、中道諸政党、さらには、少数民族であるドイツ人(三九年時点で人口の三・二%)、ロシア人(一〇・六%)、ユダヤ人(四・八%)、ポーランド人(二・五%)の政党も代表を送っており、多党乱立の不安定な状態が続き、三四年までは短命な政府の連続であった。

教育制度の充実もはかられ、それは初等、中等教育のみならず高等教育にもみられた。当初から総人口の二六・六%という多くの少数民族をかかえていたラトヴィアでは、憲法により、平等の原則がうたわれ、少数民族グループにその言語の使用を認めていた。公立学校(初・中等学校)の二三%が、ロシア人、ドイツ人、ユダヤ人、ポーランド人、リトアニア人、エストニア人にあてられていた。しかし、政治権力も土地も失ったバルト・ドイツ人の社会的位置の変化は、とくに大きく、少数民族の一つとなり、ドイツへ移り住む者もあらわれるようになった。大学については、一八六二年創設のリーガのラトヴィア・ポリテクニックが、一九一九年拡充され、ラトヴィア国立大学となった。教授陣は、開学当初は、ドイツ人、ロシア人、ユダヤ人がそのほとんどであったが、しだいに、ラトヴィア人がその職に就いた。リーガには、このほかにも、音楽学校や芸術アカデミー(ともに一九一九年設立)があった。

政治・経済・社会的不安定要因をかかえて乗り出した国家建設は、世界恐慌による経済危機に直面し、議会の機能はとどこおった。一九三四年五月に、ウルマニスが国軍の支持でクーデタを起こし、権威主義体制を導入した。ウルマニスがめざしたのは「ラトヴィア人の、強いラトヴィア」で、ラトヴィア人の民族主義的文化を推進すればするほど、かつて支配権力を握っていたバルト・ドイツ人への敵対心があからさまになっていった。また、歴史的に通商業も担っていたバルト・ドイツ人少数民族を犠牲にして、経済分野で拡大政策がとられた。とくに三〇年代は、西欧諸国とつながった資本主義経済の発展がみられた。

国際環境をみると、東西のドイツ、ロシアという大国の狭間にあったラトヴィアは、独立達成に際して援助を受けたエストニアとすでに二三年に防御同盟を締結していた。三四年には、ようやくエストニア、リトアニアと三国で相互援助条約(バルト協商)を締結するにいたったが、実際、三国それぞれが権威主義体制をしいている不安定な状況のなかで、バルト協商は十分機能することはなかった。これまでの歴史的体験からラトヴィアの安全保障にたいする危惧の念は戦間期、常にドイツに向けられていた。しかし、三九年八月二十三日に独ソ不可侵条約が締結され、その付属秘密議定書でラトヴィアはソ連の影響圏におかれることが取り決められていた。この年の末までには、大半のドイツ人がラトヴィアの地を離れ、ドイツに向かった。

三九年十月にはソ連から相互援助条約の締結を強いられ、四〇年六月には三万人のソ連軍が進駐してきた。これは二万人のラトヴィア軍を遥かにこえる規模であった。ソ連軍の圧力下で、七月に選挙が実施され、二十一日に召集された新議会はソ連への加盟を決議した。八月五日に、ラトヴィア社会主義共和国のソ連への加盟がソ連最高会議によって承認された。ソ連へのこの「編入」は、ソ連史学では「革命」による政権の交代と規定されたが、アメリカ、イギリスをはじめとする西欧諸国は、この「編入」を承認せず、「併合」とみなした。

5　エストニア

支配者の変転と民族文化の醸成

現在のエストニアとラトヴィアのほぼ全域を支配していたリヴォニアのドイツ騎士団の衰退は、一五五八年、ロシアの攻撃を受けて決定的となった。騎士団はまもなく解体したが、この地の領有をめぐる戦いは、その後もロシア、デンマーク、スウェーデン、ポーランドのあいだで断続的に続き、ようやく一六二九年、アルトマルクの講和でダウガヴァ(西ドヴィナ)川以北のスウェーデンによる支配が確定した。スウェーデン時代、現在のエストニアにあたる領域はエストラントと北リーフラントに行政上区分された。スウェーデン統治下にあっても、この地の農民は本国の農民が享受していた独立自営農民の地位をえることはできず、ドイツ人領主のもとで農奴制が継続した。一方、この時代、新約聖書の南エストニア語訳(一六八六年)が出るなどして、書きことばとしてのエストニア語が宗教活動や教育に使われるようになった。また、スウェーデン第二の大学として現在のタルト大学の前身とされる大学が創設された(一六三二年)。

スウェーデン時代はロシアとの大北方戦争(一七〇〇〜二一年)を経て終わりを告げる。スウェーデン国王カール十二世は緒戦こそ勝利をおさめたものの、一七一〇年にはレヴァル(タリン)市がロシア側に降伏し、二一年のニースタード条約により、エストラントと北リーフラントはロシア帝国に併合された。

ロシア時代、ドイツ人貴族は従来の特権を保障されたが、エストニア人農民は一層過酷な状態におかれた。一八一六年(エストラント)、一九年(北リーフラント)の農奴解放は、人格の自由のみを保障する、いわゆる土地なし解放であった。実際には移動の制限は続き、農民の経済状態が劇的に改善されたわけではなかった。しかし、農奴解放の精神面での影響は大きく、民族知識人が育つ下地が準備された。さらに、一八六〇年代に実施された本格的な農民解放はエストニア人の自営農民を生み出した。

エストニア人の民族文化にまず目を向けたのは、ドイツ・ロマン主義の影響を受けたドイツ人とドイツ語話者となったエストニア人出自の者であった。民族叙事詩『カレヴィポエク』を編集したクロイツワルトは後者の一人である。その後、徐々に担い手はエストニア人意識を強く持つ知識人へと移行した。ヤンセンは、エストニア語の週刊紙『ペルノ・ポスティメース（パルヌの郵便配達人）』の発行を開始し（一八五七年）、そのなかで「エストニア人」ということばを用いて民衆に呼びかけた。エストニア人という認識は、まだそれほど広く共有されていたわけではなかったのである。ヤンセンは、一八六九年、のちにエストニアの伝統行事となる大規模な歌の祭典を組織した。

民族文化への関心は、やがて政治的権利を求める運動へと発展する。その先頭に立ったのがヤコプソンであった。しかし、親ロシア的で急進派のヤコプソンと文化的・精神的価値を重視するフルトとのあいだに生じた運動の方向性をめぐる対立、さらにアレクサンドル三世時代のいわゆるロシア化政策はエストニア人の民族運動を停滞させた。その一方で、行政面や教育面でのロシア化は、この地域におけるドイツ人とその文化の影響を減じる効果もあった。

十九世紀末から二十世紀初頭にかけて民族運動のあらたな指導者があらわれた。『ポスティメース（郵便配達人）』紙の編集長のトニッソンと、『テアタヤ（報知）』紙のパッツである。民族文化の発展を重視するトニッソンにたいし、労働者らの生活改善を重視するパッツの登場は、都市化と工業化の進展にともない、エストニア人社会にも階層分化が生じたことの現れであった。

一九〇五年のロシア革命はバルト地域にも飛び火し、ストライキや地主にたいする焼き討ちが起こった。同年十一月に開かれた全エストニア会議は従前の流れを受けて穏健派と急進派に分裂したが、両者は自治の要求という点では一致していた。十二月になるとロシア政府は戒厳令を発布し、多数のエストニア人を逮捕した。急進派の指導者たちは亡命をよぎなくされ、一九〇五年革命は収束に向かった。一方、文化面での規制は弱まり、とりわけエストニア語教育が発展をみた。

独立戦争

一九一七年の二月革命でツァーリ体制が崩壊すると、バルト地域でも自治獲得への気運がふたたび高まった。四月にペトログラードで組織された四万人のエストニア人によるデモ行進は、ロシアの臨時政府に自治を承認させる圧力となった。エストラントと北リーフラントは統合をはたし、エストニア人による初の議会が誕生した。だが、十月革命後、エストニアにおいてもソヴィエトとエストニア県議会のあいだに二重権力状態が生じた。十一月十三日、エストニア・ソヴィエト執行委員会はエストニア県議会に、同議会の解散と制憲議会選挙の実施を通告した。ところが、一八年一月二十一、二十二日に実施された制憲議会選挙において、ボリシェヴィキに対する支持の急落が明白であったため、ドイツ軍の接近を理由に選挙は中断された。

もともとエストニア人のあいだで求められていたのは独立ではなく民主的ロシア連邦内での自治であった。エストニア人が独立の方向に動き出したのは、ボリシェヴィキの権力奪取により民族的自治が事実上不可能となったためである。一八年二月十九日、パッツら三人からなるエストニア救済委員会が形成された。同委員会は、ドイツ軍侵攻とボリシェヴィキ撤退の間隙をぬって、二月二十四日、独立を宣言し、パッツを首班とする臨時政府を設置した。だが、翌日にはドイツ軍がタリンを占領、パッツは拘束され、ドイツに送られた。ドイツ軍司令部の目標はエストニアとラトヴィアのドイツ帝国編入であった。人民からの要求という装いをとるため、一八年四月十二日、ドイツ人が過半数を占め、エストニア人とラトヴィア人を加えた代表者会議は、バルト連合公国の創設とドイツ皇帝による保護を求める請願についての決議を行った。

しかし、ドイツ敗戦ののち、状況は一変した。一八年十一月十一日にエストニア臨時政府が復活、ボリシェヴィキも二十九日にはエストニア北東部のナルヴァに、アンベルトを首班とするエストニア労働者コミューンを樹立した。コミューンはソヴィエト・ロシア軍に依存しており、エストニア臨時政府とコミューンの闘いは事実上の独立戦争であった。ボリシェヴィキは緒戦を有利に展開し、エストニアのほぼ三分の二を手中におさめたが、一九年にはいると臨時政府はフィンランド人志願兵やイギリスの支援を受けて攻勢に転じ、二月には全土を解放した。エストニア人は南部戦線では、ドイツ軍の残留兵やドイツ人義勇兵と戦った。六月二十三日のドイツ軍にたいする勝利は、長年の支配者にたいする歴史的勝利であった。東部戦線では、連合国の要請により、ロシアの白軍に協力してボリシェヴィキとの戦いが続けられた。しかし、白軍はエストニアの独立には反対していたため、ペトログラードへの侵攻の失敗後、臨時政府はこれを武装解除した。この間、対ソ干渉戦争に苦しむソヴィエト・ロシアからの打診を受けて開始された講和交渉は、一時中断したものの、二〇年二月二日、両国はタルト条約を締結し、エストニアの独立が確定した。他方、この独立はパリ講和会議では認められなかった。

独立時代

一九一九年四月五日から七日にかけて戦時下で実施された制憲議会選挙では、選挙をボイコットしたボリシェヴィキを除く左派が勝利をおさめた。制憲議会は、一九年十月、農地改革法を制定、大半がドイツ人であった大土地所有者からの徹底的な土地の接収に乗り出した。これは継続中の戦争にたいする農民層の支持獲得にも寄与した。

二〇年六月十五日、エストニア最初の憲法が採択された。憲法は議院内閣制を採用したうえで、一〇〇名の議員からなる一院制の国会に広範な権限を付与し、内閣はほぼ完全に国会に依存する状態となった。首相は国会の解散権をもたず、閣内の第一人者にすぎなかった。大統領職はおかれなかった。さらに、比例代表制の採用で国会には小党が乱立した。このため内閣は短命で不安定であった（二〇年十二月から三四年三月までに一八の内閣が存在)ものの、二〇年代はエストニアにとって、総じて安定した時代であった。

エストニアでは人口の約六割が農業に従事していた(二〇年の国の面積は四万七五四九平方キロ、二二年の人口は一一〇万七〇五九人)。農地改革で農業は小規模化したが、協同組合の発達に支えられ、大半がロシア向けであった農産物輸出も、ドイツやイギリスに販路をみいだした。工業生産は戦災と広大なロシア市場を喪失したことで一気に落ち込んだ。これが回復するのは三〇年代後半のことである。

両大戦間期のエストニアは、エストニア人が約九割近くを占める民族的に均質な国であったことも内政安定の一因であった。国語となったエストニア語を教授言語とする教育制度は飛躍的に発達し、新聞や雑誌の発行も活発になった。文学では、タンムサーレがエストニア小説の傑作『真実と正義』のなかで、一八七〇年代から一九二〇年代のエストニア人の生活を描いた。他方、二五年の少数民族文化自治法は、散在して居住する少数民族の存在を想定して文化的自治を保障したもので、ドイツ人やユダヤ人はこの権利をおおいに享受した。

一九二〇年代の安定に影を落としていたのはソ連の影響を受ける共産主義者の存在であった。二三年の総選挙では不況への国民の不満を背景に共産党が一定の成功をおさめた。だが、二四年十二月の共産主義者のクーデタは、労働者の支持をえられず、簡単に制圧された。この後、エストニアにおける共産主義の影響は著しく低下した。

権威主義体制への移行

世界恐慌の影響は、当初さほど深刻ではなかった。ところが、一九三一年にイギリスが金本位制を廃止すると、外貨準備をポンド建てにしていたエストニアの経済は混乱に陥った。平価切り下げ等の不況対策をめぐって対立する諸政党と国会への国民の不満は増大した。この機に乗じて台頭してきたのが独立戦争退役軍人同盟（ヴァップス）である。ヴァップスは退役軍人の互助団体であったが、しだいにファシズム的様相を濃くし、政党政治を糾弾して、改憲を訴えた。国会側も憲法改正の必要を認め、大統領職の設置等を盛り込んだ二つの改憲案を相次いで国民投票に付した。だが、いずれも否決された。こうした状況のなか、三三年十月、ヴァップスが提出した改憲案が国民投票で採択され、翌三四年一月二十四日に発効した。ヴァップスは同年四月に予定されたリーキヴァネム（ヴァップスの憲法では「大統領」職にこの名称が使用された）選挙でも勝利をえるかに思われた。

三四年三月十二日、農民党の党首で当時の首相兼リーキヴァネム代行であったパッツは、突然戒厳令を施行し、独立戦争の英雄ライドネル将軍を軍の最高司令官に任命した。事実上のクーデタである。ヴァップスの権力掌握を恐れていた諸政党は民主主義体制の防衛というパッツの説明を支持した。ところが、同年九月に召集された臨時国会において、政府は政治的自由を制限した国家再建の方針を打ち出した。諸政党がこれに反発すると、パッツは国会を無期限の休会とした。いわゆる「沈黙の時代」の始まりである。

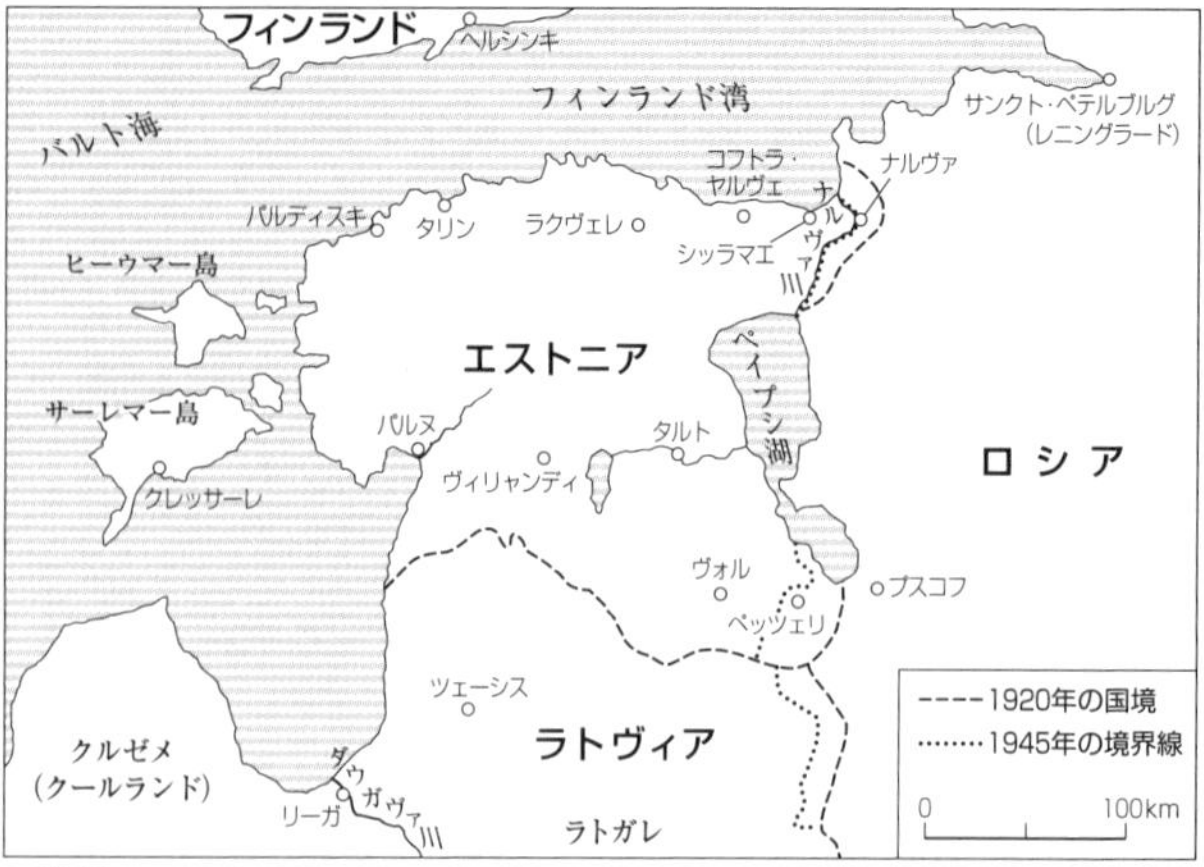

20世紀のエストニア

ヴァップスの憲法は大統領としてのリーキヴァネムに強大な権限を与えていた。パッツは憲法がリーキヴァネムの不在時には首相が代行を務めると規定していることを利用して命令による政治をおこなった。三五年二月、すべての政党活動を禁止した直後、国民統合のための大衆組織として祖国同盟が設立された。政府は祖国同盟が下からの運動であることを強調したが、これが官製の翼賛的な政治組織であることは明白であった。このほかにパッツ体制の柱となったのが、職業分野別に組織された各種職能組合と、愛国主義をあおるためのキャンペーンである。後者の推進機関として、広範な権限を有する国家宣伝局が設置された。

三五年一月十七日、パッツは、ヴァップスの憲法はリーキヴァネムに過大な権限を与え、独裁を招くおそれがあるとして、行政権と立法権が均衡する新憲法の必要を訴えた。十二月に、ヴァップスのクーデタが未憲法)。

遂に終わった機会をとらえ、改憲のための国民議会の召集提案が国民投票に付され、支持された。反政府派は翌三六年十二月に実施された選挙をボイコットしたため、政府派が国民議会の大半を占めた。政府の改憲案はほぼ原案どおりのかたちで採択され、新憲法は三八年一月一日に発効した(一九三七年

新憲法は大統領と名称を変えた国家元首に、ヴァップスの憲法同様、強大な権限を与えていた。加えて、二院制となった国会の上院は、職能組合の代表や大統領が直接指名する議員らで構成された。下院については、比例代表制にかわり、全国を八〇の選挙区に分けた小選挙区制が採用された。大統領の選出に関しては、国会の上下院ならびに地方議員が構成する代表者会議の三者がそれぞれ候補者を指名し、三者が異なる候補者を指名した場合のみ国民による直接投票を実施すると規定された。要するに、新憲法は、パッツが主張したような立法権と行政権のバランスをはかるものではなく、むしろ、パッツの権威主義体制を合法化するという意味合いをもっていた。

新憲法発効後も言論・集会の自由等の市民の権利は制限されたままであった。政党活動は依然、禁止されていた。だが、反政府派の活動が完全に封じられていたわけではない。三八年二月に実施された下院選挙には個人の資格で立候補し、二六議席をえた。こうして召集された国会と、地方議員の代表者会議はそれぞれ大統領候補者としてパッツを指名し、三者の合同会議においてパッツが初代大統領に選出された。

パッツ体制は国民の熱狂的な支持を受けたものではなかった。一方の反政府派もトニッソンを中心に民主主義的自由の回復を訴えつづけたが、これも国民の多くを惹きつけることはできなかった。その理由のひとつは、パッツ体制が国家の介入によって経済の安定化をはかっていたからであろう。実際、この時期、エストニアの工業は飛躍的に発展した。もっとも、労働者の生活改善は犠牲にされ、三五年、三六年にはストライキが多発した。

安全保障面では一九二〇年代には地域同盟構想ならびに国際連盟に期待がよせられたが、三四年に成立したバルト協商での協力は限定的であり、また、国際連盟は十分な機能をはたすことはなかった。地理的に独ソに挟まれているエストニアは、中立政策を掲げてはいたものの、実際には政府や軍上層部はドイツとの関係を深めていった。

第七章　共産党時代のポーランドとバルト諸国

1　束の間の自由とスターリン主義

ヤルタの呪縛

戦後ポーランドの運命はかなりの程度ヨーロッパのこの部分で第二次世界大戦がどのように終わったかによって決定された。ポーランドを解放したのはソ連であって、米・英ではなかった。戦争終了直前の一九四五年二月、米英ソ首脳はヤルタに会して、ポーランドの領土的地位と政権について約束を交わした。それはソ連の主張を強く反映したものとなった。政権にかんする申し合わせは基本的に八九年までポーランドを縛った。領土的地位は一層不動のものとなり、ソ連が崩壊したのちもゆるがなかった。

戦争の瓦礫のなかからふたたび姿をあらわしたポーランドは、戦前のポーランドとはすっかり様相を異にしていた。それはたんにヨーロッパでもほかに例をみないほど激しい戦災を受けたことだけではなかった。国の地図そのものが変わってしまったのである。東方において一八万平方キロをソ連に割譲し、西方において一〇万三〇〇〇平方キロをドイツから獲得して、中央部において約二五〇キロ西進した。東方はいわゆるカーゾン線、西方はオーデル・ナイセ(オドラ・ニサ)線によって区切られた。数々の歴史的思い出と結びついているヴィルノ(ヴィルニュス)やリヴィウのような東方の諸都市とその周辺の広大な領土を失ったことは、ポーランド人にとってたえがたい苦痛であった。しかし、他方で西方と北方でグダンスク(ダンツィヒ)、シチェチン(シュテッティン)、ヴロツワフ(ブレスラウ)のような大工業都市、豊かな集約農業地帯、発達した運輸交通・燃料供給網、良質の炭田などを獲得した。また、海洋への発展の手がかりをつかんだ。

戦争による破壊と大幅な領土移転は途方もない住民移動を引き起こした。ドイツ占領当局の絶滅政策によってユダヤ人が激減した。ウクライナ人とベラルーシ人は領土移転と住民交換によってほとんどソ連に移った。旧ドイツ領の数百万人にのぼるドイツ系住民は逃亡、移住、強制退去などによって事実上姿を消した。他方で住民交換によって二一八万の同胞がソ連から移り住んだ。人口は三八年の三四五八万から四六年の二三九三万人に激減した(三〇・七%減)。しかし、かつてのまだらな多民族国家が限りなく単一民族国家に近いものに生まれ変わった。

ポーランドは東方から順次解放されていった。共産党時代の公式史学によれば、四四年七月二十二日、カーゾン線以西で解放された最初の都市ヘウムに国民解放委員会が樹立された。この日はのちに「解放記念日」として毎年盛大に祝賀されることになるが、国民解放委員会が実際に樹立されたのはその前日で、しかもモスクワにおいてであった。もともと臨時政府を宣言するはずであったが、西側の反発を憂慮したスターリンの裁断で最後の瞬間に名称が改められた。国民解放委員会はやがてヘウム、ルブリンに移り、翌年一月にワルシャワに定着した。

ヤルタではこの通称ルブリン委員会を中核として、その他の国内外の民主的人士を加えて挙国一致臨時政府(TKJN)を樹立することが合意された。ルブリン委員会は共産党以外には社会党、農民党などの戦前の大政党の名を名乗る若干の政党の代表者からなっていた。非共産主義政党は自立性を欠いており、「ルブリン政党」と呼ばれた。その代表者はそれぞれの政党を代表してではなくて、共産党によってその協力姿勢を評価されて抜擢されたのであった。しかも野党活動が禁止されていた。この委員会が臨時政府の「中核をなす」とされたことは、当面親ソ派に決定的発言権が与えられることを意味した。ヤルタ会談ではさらに、できるだけ早急に「自由かつ無干渉の選挙」を実施して、その結果に基づいて正式政府を組織することが合意された。西側諸国も、またポーランド内外の自立的な勢力もそれに希望を託して当面親ソ派に主導権を委ねることに同意した。

しかし、「自由かつ無干渉の選挙」は結局八九年まで実施されることがなかった。ソ連はポーランドにたいして「ソ連に友好的」であることを求めたが、現実にはソ連に友好的な勢力が「自由かつ無干渉の選挙」で勝利するという保証はなかった。ソ連が国益を守るためにより確実な方法に訴えるであろうことは明らかであった。西側もソ連の基本的な要求を呑んだ以上それを受け入れざるをえなかったのである。

みせかけの連合

一貫して親ソ的であった勢力は共産党であった。共産党は国内にまったく根をもたない勢力ではなかった。戦争などによって社会秩序が崩壊すると、どこでも急進的な勢力が進出する。多くの若者や知識人は共産党のイデオロギーに惹かれた。にもかかわらず、共産党の影響力は限られていた。このため彼らはきわめて慎重な戦術をとった。ルブリン委員会は一九二一年の三月憲法への復帰を宣言した。社会主義にはまったく言及せず、私企業経済を擁護した。東方においてはカーゾン線を受け入れたが、西方においてはソ連と示し合わせてオーデル・ナイセ線を主張した。これはドイツを犠牲にしての大幅な領土拡張を意味し、当時は過激な右翼民族主義者でさえもためらったであろうような極端な要求であった。

ソ連軍当局および共産党は実力でも政敵を排除しようとした。大多数の対独レジスタンス参加者は戦争が終了するとともに地下から姿をあらわし、市民生活に復帰しようとした。しかし、ソ連軍当局および共産党は彼らを信用せず、約五万人を捕縛してソ連内奥の強制収容所に送った。元国内軍最高司令官オクリッキら亡命政府系の地下指導者一六人はソ連軍当局の招きに応じて政治的な話し合いに臨むべく出頭したが、そのままモスクワに拉致され、見せ物裁判ののち長期の懲役刑を言い渡された。こうした措置は戦後政治において反共レジスタンスの流れを汲む勢力の影響を排除するという狙いをもっていた。共産党支配にたいして武装抵抗を試みた勢力(「森の人」)は四五年初めに八万人をこえ、四八年四月ころまで内戦状態が続いた。

共産党はルブリン委員会以来、事実上行政権、とくに警察権、検閲権を握り、それを自勢力拡大に利用した。こうした事情は四五年六月末に挙国一致政府が発足したのちも大きく変わらなかった。たしかに自立的な勢力も政府に加わったが、共産党は公安相や宣伝相のような重要ポストを独占し、他党のポストにも多くの場合次官として自党員を配置してコントロールした。しかし、挙国一致政府の発足はひとつの大きな変化をもたらした。それは社会において自立的な勢力が活動し始めたことである。

挙国一致政府の首相にはルブリン社会党のオスプカ＝モラフスキ、また二人の副首相に元亡命政府首相ミコワイチクと共産党書記長ゴムウカがそれぞれ就任した。亡命政府系の政治家は「自由かつ無干渉」の選挙で勝利しうるという期待をもって政治生活に復帰した。彼らは政党づくりに奔走した。なかでもミコワイチクがあらたにつくったポーランド農民党(PSL)は大成功をおさめ、党員数において共産党をしのぐほどになった。

共産党はとりあえず大きな異論のない争点について国民投票を実施し、その結果を政権にたいする国民の支持の証しとしようとした。争点として選ばれたのは、(1)上院の廃止、(2)農地改革と抽出産業の国有化、(3)オーデル・ナイセ国境の三つであった。ポーランド農民党は自己の存在を示すために(1)についてのみ異論を唱えた。四六年六月に投票が実施されたが、政府側の干渉には目にあまるものがあった。政府が長い遅延ののちに発表したところによると、賛成票の割合はそれぞれ(1)六八・二%、(2)七七・三%、(3)九一・四%であったが、近年公開された内部資料によると、実際にはそれぞれ(1)三〇・五%、(2)四四・五%、(3)六八・三%であった。国民投票は共産党にとって現実の勢力関係を把握し、票数操作の技術を学ぶよい機会となった。

選挙はようやく四七年一月に実施された。すでに四五年九月に共産党は民主諸党ブロックという選挙ブロックの結成を提唱していた。これは民主諸党派のあいだで競争選挙を戦うことなく、単一の選挙ブロックとして選挙民の信を問うというもので、のちの単一候補者名簿方式のはしりをなした。共産党の狙いは他党派の政権参加を許すかわりに戦わずして自らの政権入りと主導権を確保することであった。自由選挙における勝利を確信していたポーランド農民党は、わずか二〇%の議席しか提供されないブロックへの参加を拒否した。こうして激しい選挙戦が展開された。政府はありとあらゆる手段をつくしてポーランド農民党の得票を妨害した。

選挙委員会が発表したところによると、得票率は(1)民主諸党ブロック八〇・一%、(2)ポーランド農民党一〇・三%であった。今日ではもはやその真偽をチェックするすべがないが、当時ポーランド農民党自身が調査したところでは、(1)二八%、(2)六三%、たまたまキェルツェ地区について残されていて近年公開された内部資料によると、(1)四四%、(2)五四%であった。おそらく最後の数字が全国にかんしても真実に近いと歴史家は推定している。

こうして「選ばれた」立憲国会は一九四七年二月に暫定憲法、いわゆる「小憲法」を採択し、共産党のビェルトを大統領に、また社会党のツィランキェヴィチを首相にそれぞれ指名した。ミコワイチクはなお議員としてとどまったが、しだいに迫害が強まり、身の危険を感じて四七年十月に亡命した。

社会主義へのポーランドの道

共産党の指導者ゴムウカは一九〇五年生まれで、戦争が終わったときにまだ四十前であった。外部の者の目には教条主義的で、モスクワに忠実で、目的のためには手段を選ばない典型的な共産主義者であるようにみえた。たしかにゴムウカは四五年暮に「社会主義へのポーランドの道」路線を提唱した。具体的にそれはポーランドがソ連と異なって暴力的変革や一党独裁を必要としないこと、カトリック教会、個人農、手工業・商業における私的経営を温存すること、国境の安全保障をソ連との同盟政策に依拠させつつも西側諸国との友好関係を維持すること、などを内容としていた。しかし、それはゴムウカ独自のものではなく人民民主主義という当時世界中の共産党が採用していた路線であった。

ほかの指導者との違いはそれをたんなる戦術と考えずに心から信じたことだろう。ゴムウカは確信的な共産主義者であったが、ほかの多くの指導者とは異なって戦時中国内にとどまり、国内の同志によって書記長に選ばれた。モスクワはそれを事後的に了承しただけだった。ゴムウカはかなりの程度自分の考えに従って行動したが、しばらくのあいだそれはモスクワの意向にそっていた。しかし、やがて違いが表面化する。それは冷戦の開始と時期を同じくしていた。

マーシャル米国務長官は四七年六月にヨーロッパ復興計画（マーシャル・プラン）を発表した。ポーランドは当初これに応じる用意をみせたが、ソ連の圧力で断念せざるをえなかった。同年九月、ポーランドで開かれたヨーロッパ九カ国共産党代表者会議の席でソ連代表は世界が二つに分裂したという見解を表明した。この席で共産党情報局（コミンフォルム）の設置が決定されたが、ゴムウカはそれにためらいをみせ、また農業集団化や社会民主党の評価においてソ連代表とは微妙に異なった立場をとった。

当時国内で焦眉の問題となっていたのは社会党の扱いであった。ポーランド農民党の事実上の解体後、社会党があらゆる野党の受け皿となりそうな気配があった。ゴムウカは四七年五月に正式に合同を呼びかけた。社会党のなかでは合同賛成のツィランキェヴィチら左派と反対のジュワフスキら右派の対立が激しかった。ゴムウカの呼びかけ後、右派党員が大量に追放されたり、当局によって迫害されたりした。

しかし、まもなくゴムウカ自身の社会党評価がほかの党指導者とは異なっていることが明らかとなった。ゴムウカは四八年六月の党中総（中央委員会総会、以下同様）においてポーランドの労働運動の歴史的伝統について報告をおこない、そのなかで「独立問題においては社会党のほうが（共産党の前身である）ポーランド王国リトアニア社会民主党（SDKPiL）よりもより大なる政治的現実主義を示した」などと述べた。ちょうど同じころティトーの率いるユーゴスラヴィア共産党がソ連共産党と衝突してコミンフォルムから追放されたばかりであった。ゴムウカはティトーと同じ「右翼民族主義的偏向」の批判を受け、八月末に党書記長を解任された。

社会党との合同は同年十二月に実現した。合同は事実上社会党の解体を意味した。新しい党は統一労働者党と名乗ったが、一一人の政治局員のうち社会党出身者はわずか三人にとどまり、イデオロギーにおいても組織構造においても共産党色が圧倒した。社共合同後はもはや共産党に対抗できるような組織的反対派は存在しなかった。

社会の改造

ルブリン委員会も挙国一致政府も社会主義を提唱しなかったが、国有化は急速に進み、一九四六年末までに九一・二％に達した。これは主要政党がすでに戦時中から国有化に賛成していたこと、戦時中のドイツの接収政策などによって企業家層の抵抗が弱まっていたことによる。計画化も急速に進んだ。四五年十一月に中央計画局が創設され、そのスタッフとして三〇年代後半に経済計画立案に携わったボブロフスキなど、主として社会党系の経済学者が協力した。まず四六年後半に六カ月計画、ついで四七〜四九年に経済復興三カ年計画が実施された。のちの経済計画と異なり、まず基本目標として一定の望ましい消費水準を設定し、それに必要な軽工業、手工業、農業への投資を算出し、しかるのちに重工業への投資を決定するという方式が採用された。その後つぎつぎと経済計画が実施されるが、結局所期の目標を達成したのはこの三カ年計画だけだった。

共産党はなお国民の過半数を占めていた農民層の支持をえようとして、すでにルブリン委員会時代の四四年十月から農地改革を実施した。全農地の約三割が零細農民に配分されたが、農地不足のため各農戸少なくとも五ヘクタールという当初目標を達成できなかった。たとえ達成できたとしても、適正規模を下回っていたために農業生産は回復しなかったであろう。農業生産は四九年になっても三八年水準の八六%にとどまった。

政府は義務教育の延長、教育の完全無料化、奨学金制度の充実、成人学校の設立など教育の普及におおいに力をいれ、なお残っていた無教育者(成人人口の一八%)を一掃した。ポーランドでは皮肉なことに少数民族の消滅によって共産党の政権下ではじめてローマ・カトリックが事実上の国教となった(国民の九七・八%)。政府は旧ドイツ領のポーランド化を進めるためにこの地域に教会の影響力がおよぶのを助けた。政府は四五年九月にバティカンとの外交関係(コンコルダート)を断ったが、その理由のひとつはバティカンがドイツのカトリック教会の利害を考えて教会の管轄権の変更に応じなかったからであった。しかし、他方で政府は教会内の親政府的な分子にさまざまな特典を与えて、その勢力を助長しようとした。そのひとつは社会的進歩的カトリック運動「パックス（ＰＡＸ）」、もうひとつは軍隊司祭を中心とする愛国司祭協会であった。

ポーランドはドイツ人が追放されたあともユダヤ人にとって平安の地ではなかった。八万六〇〇〇人が絶滅政策を生き残り、一三万六〇〇〇人が一九四六年七月までにソ連から引き揚げてきた。このわずかのユダヤ人にたいして各地でポーランド人による襲撃事件（ポグロム）が発生した。その犠牲者はあわせて二〇〇〇人と見積もられている。なかでも有名なのは四六年七月のキェルツェ事件である。群衆が根も葉もない噂に興奮してつぎつぎと四〇人を虐殺し、それを当局が傍観視した。多くのユダヤ系市民は恐怖に駆られて出国した。その数は四五年七月から一年半で一三万人にのぼった。

スターリン主義

たとえみせかけではあれ、党外に一定の自由があったあいだは、党内にもそれなりの自由があった。共産党の外で強制的画一化が進むと、共産党自身もそれをまぬがれることができなかった。ゴムウカら国内派の指導者はしだいに閑職にまわされてゆき、やがて党からも追放された。これは二六万人もの党追放の合図となった。かわって台頭したのはビェルトらモスクワ派であった。

追放は党だけにとどまらなかった。たんにその経歴が忠誠心に疑いをいだかせるという理由だけで、何十万という人々が軍、中央と地方の行政機関、企業、協同組合、社会団体などから追放された。多くの場合追放されたあと、逮捕され、司法的に追及された。一九五一年七〜八月にはタタル、キルヒマイエルなど戦争中国内軍あるいは西欧亡命軍に従軍して、戦後国軍に仕官していた高級将校がスパイ行為の罪で見せ物裁判にかけられた。あわせて二〇万人が強制収容所に収監された。

しかし、ソ連やほかの東欧諸国と異なって、ポーランドでは極刑を受けた者が比較的少なかった。民間人は約一〇〇〇人、軍人は四〇人が死刑を宣告された。軍人の場合執行されたのはその半数であった。失脚した党指導者で極刑を受けた者はいなかった。たしかに一九四九年中葉に公安省（ベスペカ）に党と政府の要人を監視する秘密の課、いわゆる第一〇課が設けられた。その監視の眼を逃れることができたのは党首と国防相だけであった。しかし、ゴムウカは逮捕されたけれども極刑をまぬがれたばかりではなく、公開裁判において虚偽の自白を強いられることもなかった。

ポーランドにはソ連の支配が直接およぶようになった。それを象徴したのはソ連駐留軍司令官ロコソフスキー元帥が四九年十一月にポーランドの国防相に任命され、翌年五月に党政治局員兼副首相に併任されたことである。ロコソフスキーとともに五六年までに延べ一万七〇〇〇人のソ連人将校が登用された。

五二年七月に新憲法が発布された。憲法草案にはスターリンが直々に目を通し、若干の手直しをおこなった。三権分立の原則は廃棄され、国家評議会に多くの権限が集中された。大統領職は廃止されて、かわりに国家評議会議長の職が設けられた。人民共和国の国称が採用されたが、人民民主主義の意味は戦後当初の時期と比べると大きく変化し、ソ連の体制とほとんど差がなくなっていた。

共産党の指導的役割という原則に立つ新しい政党システムが形成された。四九年十一月にルブリン農民党が、あいつぐ弾圧で弱体化していたポーランド農民党を吸収して、統一農民党(ZSL)を名乗った。勤労党(SP、キリスト教民主党)は五〇年七月に解散し、一部がルブリン民主党に、その他がパックスに吸収された。以後、統一農民党、民主党、パックスはそれぞれ共産党の農民、手工業者、カトリック支部の役割をはたすことになる。

五二年十月に単一候補者リストに基づく最初の選挙がおこなわれた。リストを提出した「平和と六カ年計画のための国民戦線」という統一戦線組織は共産党、統一農民党、民主党のほか、労働組合、青年同盟のような共産党の影響下にある大衆組織から構成され、選挙が終わると事実上姿を消した。投票率九五・〇三%、統一戦線リスト支持率九九・八%と発表された。議席は事前の取り決めどおり共産党に六四%、統一農民党に二一%、民主党に六%、無党派に九%それぞれ配分された。国会はほとんど召集されることがなく、五六年まで立法活動らしいものをおこなわなかった。

国家評議会議長(元首)に共産党のザヴァツキ、首相に同じく共産党のビェルトが就任した。政府は経済の国有化、計画化が進展するにつれて経済全体を統括する巨大な組織となった。実際の決定は閣僚会議ではなく首相と複数の副首相からなる閣僚会議幹部会においておこなわれた。そのメンバーはほとんど党政治局員であり、政府は事実上党政治局の意思執行機関となった。党においてはビェルトが絶大な権限を握り、ポーランドにおける小スターリンの役割をはたした。ビェルトのもとで治安・イデオロギー担当のベルマン、経済担当のミンツ、国家行政担当のザンブロフスキの三政治局員が重要な役割を演じた。

社会・文化・経済体制の一元化

政治体制の一元化と併行して社会・文化・経済体制の一元化が進行した。共産党は社会のなかのあらゆる組織活動について指導権を要求した。指導権とは具体的には幹部人事を左右する権利のことであった。無数の社会団体の活動を統制するためにソ連にならってノメンクラトゥラ制という制度が導入された。それは共産党の各級機関がその機関の管轄下にあるポストの人事を監督し、そのための人材リストをたえず準備しておくという制度であった。もちろん共産党が共産党以外の組織の人事を左右しているということは社会主義国でも公式には認められなかったので、それはあくまで非公式にとどまった。

社会のどの分野においても労働組合中央評議会(CRZZ)、農民自助組合(ZSCh)、教員組合(ZNP)などのような単一の巨大な強制加盟団体が出現した。文化の領域においてもこの原則は貫徹した。たとえば、作家同盟（ZLP）、ジャーナリスト協会（SDP）、映画人同盟（ZFP）などという団体は独占団体であって、それに加わっていないと各種の特権にあずかれないばかりではなく、そもそも職業活動に従事できなかった。こうした団体を通じて党は知識人に強い圧力を行使し、社会主義リアリズムのような特定のイデオロギーを押しつけた。

共産党にとって最大の難関はカトリック教会であった。多くの教会活動は政府の承認なしには困難であったので、共産党はそれをテコにして譲歩を迫った。政教の対立は一九五三年に頂点に達した。カチマレク司教、ヴィシンスキ首座大司教・枢機卿など多くの高位聖職者が逮捕された。政府はこの年の二月に法令によって教会の人事監督権を掌握するとともに、聖職者に国家にたいする忠誠誓約を義務づけた。

国有化は卸売業と小売業におよび、さらに農業と手工業にもおよぶはずであったが、後者はあまり進展しなかった。経済計画においては消費財優先の原則がすてられ、生産財生産の目標値が大幅に引き上げられた。経済権限が中央に集中され、国家経済計画委員会という巨大官庁が国民経済の長期計画を作成し、部門産業省を通じて全国の企業に細かい指示を与えた。計画は法律であり、それに違反する者は法律によって罰せられた。

工業化計画は大多数の国民に大きな熱狂をもってむかえられた。遅れた農業国が短期間に進んだ工業国となり、高い生活水準と文化を享受できるようになるというヴィジョンは、とくに労働者と青年の心をとらえた。工業化の過程で農村から都市に移り住んだ何百万という人々は劣悪な条件にもかかわらず民度の向上を体験し、体制にたいして感謝の気持ちをもった。これがある程度スターリン主義の背景をなした。

六カ年計画は過大な投資、外延的成長の重視、恣意的な投資決定、自給自足モデル、流通サービス部門の軽視、農業の無視など多くの問題をはらんでいた。五三年には蓄積率（国民所得のなかの投資に振り向けられる部分の割合）が三八・二％という異常な大きさに達し、その結果実質賃金が年平均三・七％も下がった。計画はけっきょく所期の目標を達成することができなかった。とはいえ、新しい工業部門の創出、農村の過剰人口問題の解消、国民の教育、文化財の供給などの成果は認めなければならないだろう。

経済史学者ランダウによれば、社会主義時代の経済はサイクルをなして発展している。一つのサイクルは消費優先、強制的工業化、経済操縦の三段階からなり、一巡するとまた新しいサイクルが始まる。四四年に始まった最初のサイクルは五五年ころに終わった。五三年三月のスターリンの死はポーランドには直接の影響がなかった。しかし、同じ年の十月には消費財と農産物の不足による生活水準の低下が批判され、計画の見直しが約束された。経済操縦段階が始まったのである。

政治的には秘密警察の内幕が亡命者によって暴露され、西側の放送を通じて流されたことが大きな衝撃を与えた。五四年十二月に長く公安相の地位にあった政治局員が解任され、ゴムウカをはじめとする多くの政治犯が秘密裏に釈放された。翌年一月の党中総では法の支配の強化、官僚主義の是正、経済機構の改革などを盛った決議案が採択された。最初の民主化綱領は直後に起こったソ連の政変（マレンコフの失脚）の影響で実行に移されなかったが、知識人が政治的に活性化した。

2　改革共産主義から消費共産主義へ

十月の春

一九五六年はポーランドにとって大きな変動の年であった。変動は社会主義の枠内で起きた。あらゆる問題の存在にもかかわらず、社会主義は国民のあいだで正当性を獲得していた。誰もまだ社会主義にかわるオプションを考えなかった。変化への衝動は共産党の内側から生じた。共産党知識人は共産主義は改革可能であり、改革すべきだと信じた。彼らの運動にたいして思わぬ加勢をしたのは一方でソ連におけるスターリン批判と指導者ビェルトの死、他方でポズナニにおける労働者蜂起であった。しかし、変動の果実をわがものとしたのはゴムウカであった。ゴムウカは戦争直後の時期と少しも変わっておらず、本来の意味での改革共産主義者ではなかった。ただ、それまでの経緯によって改革共産主義者とスターリン主義者のあいだ、ポーランド国民とソ連とのあいだをとりもつことのできる唯一の人物となっていた。

　五六年二月のソ連共産党二〇回党大会で、三〇年代における旧ポーランド共産党幹部の粛清と、コミンテルンによる解散命令が根拠を欠くものであったことが明らかにされた。それは党員知識人の良心をいたく震撼させた。大会に出席していた党首ビェルトはモスクワで客死し、ただちに後継者問題が起こった。後任に選ばれたオハプは、スターリン主義者との評判に反して、むしろ改革派寄りの路線を打ち出した。書記局を改革派で固め、新しい民主化綱領を準備させる一方で、賃上げ、工業分権化、政治恩赦などを指示した。

　ちょうどこのときポズナニで労働者のデモ騒ぎがもち上がった。原因は単純な手当の未払い問題だったが、当局が軍隊を投入したため大規模な衝突事件に発展した。最近の研究によれば死者が少なくとも七四人、負傷者が数百人でた。おりからポズナニで開かれていた国際見本市のおかげで、事件の経過は逐一外国特派員によって世界に伝えられた。七月の党中総は事件の衝撃のもとに、より急進的な民主化綱領を採択した。

　党指導部は二派に分裂した。守旧派からなるナトーリン派（名前は集会所となったワルシャワ郊外の党幹部研修所に由来）は一方で民主化に反対するとともに、他方で大幅賃上げ、ユダヤ系指導者の追放、ゴムウカの政治局復帰のような大衆受けのするスローガンを掲げた。中央派と漸進派の連合からなるプワヴァ派（名前はメンバーの多くが住んでいたワルシャワの住宅街に由来）は党員知識人が要求する変化を受け入れてゆこうとした。党員知識人はワルシャワ党委員会、その言論機関、学生・青年労働者組織、ジェラン自動車工場労働者評議会などに依拠して活発な街頭活動を展開し、党指導部に圧力をかけた。

情勢は十月にはいって緊迫の度を加えた。党政治局はモスクワとの事前協議なしにゴムウカを復権させることを決定した。フルシチョフはポーランド駐留ソ連軍にワルシャワへの進撃を命じ、チェコスロヴァキア、東独、中国の党指導部にポーランドへの軍事介入の意図を伝えた。同時に自らソ連党最高幹部を引き連れてワルシャワに乗り込んだ。ようやくワルシャワに到着してから、北京から介入反対の電報が届き、ゴムウカが現実主義的な対応をみせたことなどの事情によって、フルシチョフは介入を思いとどまった。ポーランドの党中総はゴムウカの復権とナトーリン派の追放を決定した。もはや知識人だけではなく全国民が政治的興奮に包まれ、事実上の言論・結社の自由が出現した。世にいう「十月の春」である。

ゴムウカはイデオロギー的理由からも、またドイツとのあいだに領土問題をかかえる立場からもソ連とのあいだに同盟関係を維持する必要を確信していた。十一月十五日にモスクワに赴いて両国関係を社会主義諸国間の平等、主権の尊重、内政不干渉の原則に基づいて正常化させる交渉をおこない、ソ連側から党中総の決定支持、債務の帳消し、信用の供与、ソ連軍駐留協定、残留ポーランド人の帰国などの約束をとりつけた。ロコソフスキーをはじめポーランド軍に派遣されていたソ連軍人は本国に送り返された。

国内では民主化運動によって党の統制がゆるみ、既存の社会団体が自立化したり、まったく新しい団体が生まれたりした。国営企業は労働者評議会によって経営権を脅かされ、集団農場はほとんど解体してしまった。ゴムウカはまず教会との関係を改善した。ヴィシンスキ首座大司教などなお拘束されていた聖職者をすべて釈放し、教会の叙任権を回復した。ついでこうした社会の自由化が既存の権力関係を根底から変えてしまうことがないように注意を払った。

具体的には単一候補者名簿方式の選挙を維持した。しかし、選挙民に国民戦線をとおして自身の候補者を立てたり、複数の候補者のなかから選択する可能性を与えたので、理論的には共産党が過半数をとれない恐れもあった。ゴムウカはイデオロギーよりも国家理性に訴えた。それは党外にも少なからぬ理解をみいだした。五七年一月の選挙においては圧倒的多数で統一リストが承認され、共産党五二%、統一農民党二六%、民主党八%、無所属一四%の議席配分となった。無所属議員のなかには独立系カトリックのズナク派の知識人も含まれていた。

小康状態

ゴムウカは禁欲的な独裁者であった。個人的な野心のためではなく信念のために政治をおこなった。孤高を保ち、派閥をこえて支配しようとした。このためしだいに現実から遊離する傾向があった。妥協の必要は知っていたが、視野が狭く、実験をきらった。基本的に一九四八年に中断された「社会主義へのポーランドの道」を再開しただけで、国内的にはスターリン主義的ゆきすぎのないスターリン主義といってよかった。前半は比較的順調に経過し、「小康状態」と呼ばれたが、後半はあいつぐ危機にみまわれ、労働者の蜂起によって政権を追われることになる。

ゴムウカは早くも五七年五月に「修正主義」批判をおこない、改革共産主義と一線を画した。同年十月に改革派知識人の機関誌的役割をはたしてきた『ポ・プロストゥ（直言）』誌が発禁処分となった。同じころ、党員証点検が始まり、党は正統主義的な路線に引き戻された。党大会はつぎつぎと延期され、その間五四年三月に選ばれた中央委員会がそのままの構成で存続した。やっと五九年三月に第三回大会が開かれたが、人事面の変化はほとんどなかった。同年十月に大きな人事異動があったが、期待に反して改革派がはずされ、かつてのナトーリン派が登用された。党だけではなく政府もほとんど変化がなかった。またしてもツィランキェヴィチ首相が再任された。

にもかかわらず、六一年ころまでは比較的自由があった。国会は立法府としての役割を取り戻し、議員が自身の所信を表明するようになった。とりわけズナク派議員の発言は注目を集めた。反対票や棄権票がでることもまれでなくなった。教会との関係は五八年からふたたび悪化したが、全体としてなお節度を保っていた。司法の独立はかなりの程度守られ、あからさまな政治裁判が姿を消した。検閲は一時よりは強化されたが、以前のようなことはなかった。ポーランドはしばらくのあいだ「東欧でもっとも自由な国」という名をほしいままにした。とくに学芸にたいする干渉はほとんどなかった。この時期のポーランドは世界的に有名となった多くの文学、映画、音楽、哲学などの作品を生み出した。海外渡航の自由が大幅に拡大され、多くの亡命者が帰国した。

ゴムウカは外交政策に多くの精力を注いだ。その目的は対ソ依存を減らし、行動の自由を拡大することであった。ポーランドは西側の援助を積極的に受け入れた。五七年にラパツキ外相が中欧非核地帯構想(ラパツキ案)を発表した。それはソ連への宿命的依存から逃れるためのひとつの方策であったが、東西の理解がえられずいつのまにやら立ち消えとなった。結局ポーランドの選択肢は大きくなかったのである。五八年以後ふたたびソ連寄りとなり、六〇年から経済相互援助会議(コメコン)の統合政策に賛成するようになった。中ソ論争でははっきりとソ連を支持した。

三月事件

一九六〇年代にはいって党内でパルチザン派という新しい派閥の台頭が目立つようになった。それは戦争中パルチザン活動に従事し、戦後スターリン主義時代に迫害を受けたと称する人々であった。その領袖モチャルの名をとってモチャル派とも呼ばれた。パルチザン派の多くはナトーリン派の出身であったが、実際には過去の人脈というよりも世代の違いのほうが重要であった。中心をなしたのは古参幹部ではなく戦後入党して出世した世代であった。内務省の役人、政治将校、軍事諜報機関員、警察官などが多く、民族主義的、精神主義的、権威主義的発想を特徴とした。

ゴムウカは、六〇年にパルチザン派のストシェレツキを人事担当書記に、六四年にはさらに政治局員に任命した。ストシェレツキは、多くのパルチザン派を地方党機構、大会代議員、中央委員などに取り立てた。その庇護のもとに内相に昇進したモチャルは、警察機構や「民主主義と自由の闘士同盟」と称する革命・抵抗運動のベテラン組織を中心に飛躍的に勢力を拡大させ、やがてゴムウカ自身をも脅かすまでになった。

国会の活動は六一年以後下火となった。この年の選挙からふたたび前もって共産党の過半数が保証されるようになった。共産党の候補者リストからは改革派の名前が消えた。六二年初春にワルシャワの討論クラブ「曲がった輪のクラブ」が閉鎖され、知識人のあいだで人気のあった二つの文芸誌が発禁となった。六四年三月に三四名の知識人が連名で首相に抗議文を送ったところ、当局は中心メンバーの逮捕、党員署名者の除名でもって応えた。ワルシャワ大学の助手クーロンとモゼレフスキは同年十一月に党中央委員会に公開状を送りつけたという理由で逮捕され、三年〜三年半の禁固刑を受けた。著名な哲学者コワコフスキは「十月の春」十周年記念講演で政府の言論政策を批判して党から除名された。これと並行して政府と教会の関係が険悪となった。政府と教会は、西独司教会議への書簡問題、受洗一〇〇〇年祭問題などにおいて、国民を代表して語る権利をめぐって激しく争った。

この頂点にきたのが六八年の三月事件である。政府が国民の反露感情を刺激するという理由でミツキェヴィチの古典の上演を禁止したところ、ワルシャワ大学の学生が学内で小さな抗議集会を開いた。これにたいして警察が暴力的に介入し、ひとつの事件に仕立て上げた。あわせて約二七〇〇名が逮捕され、多くの教員が大学を追われた。

パルチザン派はかねてからユダヤ人問題を利用して政敵を排除する機会をねらっていた。前年六月の中東戦争(いわゆる六日戦争)に際して、国軍のユダヤ系将校がイスラエルの戦勝を祝賀したという噂を流して大々的な反ユダヤ主義キャンペーンを繰り広げ、軍や官庁からいっせいにユダヤ系市民を追放した。三月事件後反ユダヤ主義が一層高まった。魔女狩りに似た雰囲気のなかであらゆる職種のユダヤ系市民が圧迫を受け、辞職、国外移住をよぎなくされた。なお残っていたユダヤ系市民の三分の二、約一万五〇〇〇人が国をあとにした。

事件と関連して約七〇〇名が指導的地位を追われ、党幹部の大幅な交替が起きた。パルチザン派はまさに目的を達したかにみえたが、このとき逆転が起き、ゴムウカが束の間の勝利を手にした。多くのパルチザン派がその地位を追われるか、あるいは所期の昇進を実現できなかった。ゴムウカを救ったのはソ連だった。ソ連はかねてからパルチザン派の民族主義に警戒心をいだき、ゴムウカがチェコスロヴァキアへの軍事介入に協力的だったのを評価してこれを助けた。このときまで多くの知識人がチェコスロヴァキアへの介入はそうした信念に最後のとどめを刺した。改革共産主義にたいしてなお期待をいだき、マルクス主義を信じていたが、三月事件とチェコスロヴ

十二月事件

ゴムウカ期は経済発展の第二のサイクルをなす。「十月の春」直後には著名な経済学者ランゲを長とする経済評議会が設けられ、大胆な経済改革案が討議された。労働者評議会を中心とする自主管理社会主義の方向も模索された。しかし、ゴムウカはいずれにも関心を示さず、制度をそのままにして消費優先政策をとった。この結果、実質賃金が当初毎年十数％も伸びた。政治的安定が達成されると野心的な成長政策、すなわち強制的工業化政策に転じた。一九五八年からは投資の重点が生産財の生産に移され、実質賃金の伸びが毎年一％台に落ちた。野心的な成長政策は六二～六三年に破綻し、成長率が急落した。このころから経済操縦政策が目立ち始める。

農業にかんしては現実主義の観点から集団化を強行しなかったが、とくに個人農を援助したというわけではなく、社会化農業優遇策を維持した。農業生産は引き続き停滞し、六〇年代にはいるとポーランドは農産物の純輸入国に転じた。手工業、商業、サービス業などにおける私的経営にかんしてはゴムウカは比較的寛容だったが、一定以上の拡大を許さなかった。

ゴムウカは晩年に大きな外交的成果をあげた。戦後ポーランドの最大の外交目標は戦争によって獲得した領土の承認をえることであった。五〇年七月に東独とのあいだに平和条約(ズゴジェレツ条約)を結び、オーデル・ナイセ線を両国の国境線としたことはそのまず第一歩であった。しかし、もうひとつのドイツ国家がこれを承認していないことは大きな不安材料であった。西独に社会民主党政権が誕生した期をとらえて、ゴムウカはこの問題を解決しようとした。七〇年十二月に両国はオーデル・ナイセ国境の不可侵性を認める関係正常化条約を結んだ。ポーランドはようやく領土にかんする心配から解放されて外交的自由をえた。

こうした外交的成功の余勢をかって政府は経済改革を断行しようとした。ゴムウカは六八年に抵抗運動以来の同志であったヤシチュクを党政治局員に抜擢して改革問題に専念させた。改革の第一歩はつねに価格体系の是正、つまり値上げである。西独と関係正常化条約を結んだその月に政府は生活必需品の値上げを発表し、ヤシチュク改革を実施しようとした。

民衆の反応は思いがけないものであった。バルト海沿岸の双子都市グダンスクとグディニャの造船労働者は値上げに抗議してストライキにはいった。労働者はさらに街頭に繰り出し、商店を略奪し、党委員会に放火した。当局は徹底弾圧の方針で臨み、民衆に戦車を差し向けた。いわゆる十二月事件である。当局の発表によれば犠牲者は四五人にのぼった。ソ連が事態に憂慮を示したことがきっかけとなって、ゴムウカ政権は崩壊した。

社会の圧力に直面する政権

党政治局の会合で後任に選ばれたのはシロンスク県第一書記ギェレクであった。ギェレクは早くも一九五六年に党書記、政治局員という地位にのぼり、ゴムウカの後継者という声望が高かった。モチャルと同じ一三年の生まれで、戦後台頭した世代を代表していた。ゴムウカとは対照的な性格だった。ゴムウカは自ら禁欲主義に徹し、国民にも同じ態度を期待したが、ギェレクは自ら生活を楽しみ、また国民にも楽しませる主義であった。ゴムウカと違ってイデオロギーへの確信を欠き、倫理的にだらしがなかったが、そのかわり民衆に銃を向けることもなかった。モチャルとも異なった経歴と傾向の持ち主であった。炭坑夫としてフランス、ベルギーで一八年を過ごしたのちようやく四八年に帰国した。経済畑を歩み、近代性や専門性を重んじた。

ギェレクは、シチェチンとグダンスクで労働者のストが再発したとき、現地に飛んで労働者と直談判した。労働者は知識人と異なってなお社会主義を信じ、指導部の交替に期待をかけていた。ギェレクは具体的にはなにも約束せず新政権への信用の前貸しだけを訴えた。労働者はこれをかなえた。ただ、彼らは自己の力量に目覚め、以後もそれを頼んで政権にたいして不断の圧力を行使することになる。前任者の末路をみていたギェレクはそうした圧力にたいして弱かった。一カ月後にふたたび不穏な空気が起きるとギェレクは賃上げ要求を呑んだだけではなく、前政権の発表した値上げも全面的に撤回してしまった。

ギェレクは権力構造にはほとんど手をつけず、党の指導的役割の強化を訴えた。しかし、党と国家の関係には微妙な変化が起きた。以前は国家の党化が試みられたが、ギェレクのもとでは党の国家化が進んだ。これは党が動員力を失いつつあることと対応していた。ギェレクはノメンクラトゥラ制の徹底により共産党エリートの特権を保護し、社会層としての安定をはかろうとした。このため汚職が目にあまる広がりをみせた。他方でギェレクは権力の基本構造にかかわらない限り寛容であった。イデオロギーの強制が少なくなり、言論の自由が緩和され、教会にたいして宥和《ゆうわ》的な政策がとられた。海外旅行はほぼ完全に自由化された。

ギェレクはゴムウカのような権威を欠いていたが、政局運営において大きな手腕をみせた。若手を大量に取り立て、体制にたいする不満を取り除いた。潜在的な政敵をつぎつぎと排除し、そのあとをシロンスク出身の信頼のできる配下でしっかりと固めた。このため党内からギェレクにたいする挑戦はまずでそうになかった。

体制にたいする挑戦は党外から、つまり社会からくるはずであった。社会の不満はその消費欲を充たすことによって解消できる、とギェレクは信じた。しかし、消費をふやせば、工業化が遅れる。いかに消費と工業化を両立させるかがギェレクの問題だった。国内にはもはや消費のためにも工業化のためにも動員可能な予備資源が残っていなかった。ギェレクの回答は外資であった。

ギェレクの計算では、外資をいれて工業化すれば、将来製品の輸出によって借金を返済することができるはずであった。いわゆるＮＩＥＳ(新興工業経済地域)もそのようにして工業化したのだった。ギェレクが見逃していたのは、ＮＩＥＳと社会主義国とでは工業化のモデルが違っていたことである。前者は輸出志向型であり、後者は輸入代替型であった。輸入代替型において輸出産業を育成することは容易でなかった。

工業だけではなく農業においてもポーランドはＮＩＥＳと異なっていた。たしかに最初の三年間は個人農優遇策や気象条件のおかげで農業生産が伸びた。しかし、その後はふたたび社会化農業を重視し、実際に生産を担っている個人農にたいしては安楽死をうながすという伝統的な政策に転じた。この結果、農業生産が著しく後退した。食糧輸入が年を追って増大し、破局の年八〇年には輸入総額の二九％を占めるまでになった。

たしかに外資導入の効果は目覚しかった。最初の五年間はすべての計画目標が大幅に超過達成された。生産国民所得は三九％の予定が六二％、工業生産は五〇％の予定が七三％、農業生産でさえも一九〜二一％の予定が二七％伸びた。実質賃金は一八％の予定が四〇％も上昇した。すべてこうしたことはゴムウカ時代には考えられないことであった。それは当時「小さなポーランドの奇跡」と呼ばれた。

しかし、危機の兆候はすでに七三年にあらわれ、七四年から食肉不足が恒常化した。異常な投資熱の結果、七〇年代なかばにスターリン主義的工業化の最盛期をも上回る四〇％強という蓄積率が記録された。この時点で問題が顕在化しなかったのは借金経済だったからである。ギェレクは七五年から経済操縦政策を打ち出した。しかし、誰も投資を求める下からの圧力をおさえることができなかった。投資が前年を下回ったのはようやく七九年であった。借款の返済額は七五年にＩＭＦ（国際通貨基金）

の設定した危機ライン、輸出代金の二五％を突破した。やがて輸出代金だけでは返済できなくなり、債務が雪だるま式にふえていった。八〇年にポーランドは事実上破産した。七一年に七億ドルだった対外債務は二〇〇億ドルとなっていた。三回目のランダウのサイクルは抜き差しならない結果を生んだのである。

市民社会の発酵

一九七〇年代のポーランドにはほかの社会主義国にはない注目すべき発展があった。それは共産党や政府の統制を受けない社会運動が発生したことである。それに寄与した要因としては、まずギェレク政権の寛容な政策がある。輸入主導型経済発展戦略の観点からすると西側諸国の好意をかうことは至上命令であった。ギェレクはそのために緊張緩和政策の立て役者の一人として振る舞い、国内において寛容な政策を実施した。

つぎに労働者が政権にたいして自信をもち、たえず圧力を行使した。政府が七六年六月に食料品価格の引き上げを発表すると、ほとんど反射的に各地の労働者が抗議ストに突入した。ウルススでは食糧輸出用と信じられたソ連ゆき貨物列車が止められたり、ラドムでは党委員会が放火されたりした（六月事件）。政府はただちに値上げを撤回せざるをえなかった。

第三にカトリック教会が影響力を強めた。七八年にクラクフの大司教監督・枢機卿カロル・ヴォイティワがポーランド人としては最初のローマ教皇に選ばれ、ヨハネ・パウロ二世を号した。教皇は翌年六月にポーランドに巡礼したが、それはあたかも凱旋行進のようであり、共産党が戦後営々とおこなってきた政治的社会化の努力をほとんど一夜にして水泡に帰せしめた感があった。

これらの要素がまとまって市民社会を生み出すには一種の酵母が必要であった。その役割をはたしたのが一群の知識人である。彼らにそのきっかけを与えたのは一九七五年末の憲法改正案だった。経済学者リピンスキら五九名の知識人が国会に憲法改正に反対する請願書を提出した。これに続いて無数の請願書、抗議文、公開状の類が国会、国家評議会議長、党第一書記などに殺到した。人々は匿名ではなく名前を明らかにして当局に抗議文を送りつけた。これはどこまで人々が恐怖から解放され、市民的勇気をもつようになったかを物語っている。また四万人という数字は政府から独立した世論の存在を示していた。そこにはかつてのゴムウカの右腕からカトリック教会の代表者までが一堂に会していた。

反対派知識人は自らをさして「社会」と呼んだが、それは西側のことばではむしろ批判的公衆というべきものであった。特徴的だったのは運動が政治への関心を放棄し、目標を社会の活性化に限定したことである。それは明らかに国際政治的現実への配慮からきていた。しかし、同時に国家に吸収されることを拒み、あくまで社会とともにとどまって、国家から自由な世界を組織するという原則的な立場とも関連していた。政治的禁欲とはいっても、共産党の支配から独立の社会を建設するという行為は自ずから政治的意味合いをおびざるをえなかった。

反対派は陰謀主義やテロリズムを拒否したが、合法性というよりも公然性に重きをおいた。それは本質的に大衆の運動というよりも知識人の運動、そうした勇気、ヒロイズムをもちあわせる少数の知的・道徳的エリートの運動であった。広く社会の尊敬を集め、当局でさえも一目おかざるをえないような知的名望家を中心とし、その周辺に中心人物の人格と信条に共鳴する人々が集まってきて発展するというかたちをとった。

この時期に発展した市民運動のひとつとして労働者擁護委員会(KOR)がある。この組織は六月事件で不当な扱いを受けた労働者を支援するという趣旨でつくられた。発起人は作家のアンジェイェフスキなど一四名であった。どちらかといえば民族的というよりも普遍人類的価値を重んじる人々、戦前の左翼運動、とくに社会党系の運動にかかわったり、戦後共産党に加わったけれどものちに離党した人々が中心であった。KORの運動は大きな成功をおさめ、その当初の目標がほぼ達成された七七年九月に社会自衛委員会(KSS-KOR)と改称してより広い課題に取り組んだ。

もうひとつの例として人権・公民権擁護運動(ROPCiO)がある。この組織は七七年三月に発足し、人権・公民権の擁護一般、すべての当局の違法行為の犠牲者への援助を目的に掲げた。それはどちらかといえば戦前の国民民主主義、キリスト教民主主義、ピウスツキ主義により共感を寄せる人々の運動であった。これらの伝統のあいだには対立があり、また個人的な確執もあって運動はまもなく分裂した。ここから独立ポーランド連盟（ＫＰＮ）、青年ポーランド運動（ＲＭＰ）などさまざまな運動が発展した。

3　「連帯」革命と権威主義的独裁

グダンスク体制

共産党の一党独裁という意味での社会主義体制は基本的に一九八〇年の「連帯」革命で終わりを告げたといってよいだろう。たしかにその後も形式上は共産党の支配が続いたし、国有＝計画経済体制も維持された。しかし、それまでのように共産党が自らのイデオロギーに基づいて国民の社会生活をも組織するということはなくなった。政治体制に本質的な変化が起きたのである。最後の一〇年間は社会主義体制のエピローグないし別の体制への過渡期と考えてよいだろう。

一九八〇年夏にふたたび食肉値上げに端を発してストライキが起こった。グダンスクのレーニン造船所では労働者が単独ではなく周辺地域の工場と一緒になって政府側と交渉することを決定した。この目的で工場間ストライキ委員会（ＭＫＳ）が結成された。労働者は街頭には繰り出さず、工場にたてこもった（占拠スト）。委員会は八月十八日に二一カ条の統一要求を発表した。そのなかには自由労組、スト権、言論・出版の自由などの政治的要求も含まれていた。

ストライキは従来の労働争議と様相を異にしてきた。労働者は工場間スト委員会とその議長というかたちで地域単位の組織と指導者をもち、二一カ条というかたちで綱領をもった。さらにしばらくすると首都から知識人がやってきて、専門家委員会というかたちで知識人との協力体制ができあがった。政府も軍隊ではなくて代表団を派遣して工場間ストライキ委員会と交渉させた。交渉はようやく八月三十一日に妥結し、協定が結ばれた。

政労の取引のなかでもっとも重要なものは、政府側が自由労組を認め、労働側が「国家における党の指導的役割と現存の国際同盟体制」を受け入れたことである。労働側が自由労組に固執したことはもはや政権交替に期待をかけていないことを示していた。しかし、現存の国家体制と国際関係を受け入れたのはその現実主義を証している。「自制的革命」といわれるゆえんである。グダンスク協定は全国的な意義を与えられ、事実上の憲法として以後一六カ月間政府と国民の関係を規定した。この時期の体制はグダンスク体制と呼ぶことができる。それはきわめて矛盾の多い体制であって、現実に機能しうるかどうかは疑わしかった。はたして「連帯」革命の一六カ月間は最初から終わりまで激しい緊張に満ち、やがて人々は倦んでしまった。

国家は党に、社会はその自治に委ねられるというのがグダンスク体制の本質であった。政社分業体制といってよいだろう。問題は一方で共産党が自己崩壊を起こして国家を統治しえなくなり、他方で圧倒的な正当性をもっている自由労組が統治責任を引き受けることができないということであった。この結果、権力の真空が生じた。しかもそれは未曾有の経済危機とソ連の軍事介入の危険にみまわれているときであった。ここに戒厳令によって体制の幕が閉じられた主たる理由がある。

自由労組と独裁政党

自由労組は「連帯」労組を名乗った。議長にはグダンスク・ストを指導したワレサ(ヴァウェンサ)が選ばれた。新労組は瞬く間に九四七万のメンバーを集め、官許労組を解散に追い込んだ。「連帯」労組の認可は事実上結社の自由を意味した。労働者だけではなく農民も学生も警察官までも自由労組をもとうとした。官許の大衆組織や大学、科学アカデミーの研究所も自治権を回復した。それはまた事実上言論の自由を意味した。なぜなら公認団体の機関誌は認めなければならなかったからである。一九八一年七月にはリベラルな検閲法が成立した。

「連帯」労組は産業別ではなく地域別に組織された。各地方の工場間ストライキ委員会が地域本部として単位をなし、中央の全国調整委員会はたんに地域本部間の調整機関にすぎなかった。このため組織全体の決定が複雑となり、時間がかかった。

つぎつぎと新しい職域や地域が新しい要求とエネルギーをもって加わってきた。新参者は概して古くからの活動家よりも急進的だった。八一年三月にはビドゴシチでの衝突事件をきっかけとして当局との全面的対決寸前までいった。「連帯」労組は当初経済の自主管理に消極的だったが、八一年春ごろから一部の活動家が自主管理の名のもとに「経済における権力奪取」をめざすようになった。同年九〜十月に開かれた最初の大会では過激な要求が続出し、「東欧の勤労者へのメッセージ」のような刺激的な文書が採択されたりした。ワレサ議長ら指導部はそうした急進的な下部の要求をおさえるために奔走しなければならなかった。

八〇年九月初めにギェレクが更迭され、治安・教会関係担当の政治局員カーニャがあとを襲った。カーニャは狂信的なところがなかったが、大衆的人気がなかった。脱党者があいつぎ、党に残った者も二割が「連帯」労組に属した。党内では民主化運動が起こってきた。指導部はようやくビドゴシチ事件後に党大会召集を決意した。民主的な選挙によって代議員が選ばれ、八一年七月に開かれた党大会ではその代議員によって新しい指導部が選ばれた。代議員、中央委員の九割以上は新人であった。しかし、選挙で進出したのは無経験、無名、無色、地方出身を特徴とする人々、多くの場合凡庸な人々であった。民主化によって党が指導力を回復するだろうとの期待は幻想に終わった。大会後、第二の大量脱党が起こり、党の存在感は急速に希薄となった。

旧指導部の数少ない生き残りはヤルゼルスキであった。ヤルゼルスキは同年二月に首相に就任していた。貴族の出身で、戦争中家族とともにソ連に抑留され、戦後ひたすら職業軍人の道を歩んできたという風変わりな経歴をもっていた。有能で身辺が清潔だという評判によって共産党政権の最後の切り札といわれた。ヤルゼルスキは中央委員選挙で最高票をとり、カーニャを第一書記に推薦した。大会三カ月後、カーニャが突然辞意を表明したとき、後任はヤルゼルスキをおいてなかった。ここにはじめて党組織以外に権力基盤をもつ人物が共産党の最高指導者となった。

経済は破局の度を強めていた。八〇年十一月ころからほとんどの商品が店頭から姿を消した。八一年四月からあらゆる食料品に配給券制度が導入された。配給券制度は必ずしも機能せず、七月末には地方都市で主婦の飢餓行進が勃発するようになった。八一年九月中旬にソ連は石油その他の必需品の大幅削減を通告してきた。それは翌年の経済の完全な麻痺を引き起こすほどの規模であった。

ソ連による軍事介入の恐れもあった。国境にソ連の大軍が集結したり、ワルシャワ条約機構の合同演習と称して、国内にソ連やほかの加盟国軍がはいってきたりした。政府や党の指導者が呼びつけられたり、脅迫的なメッセージを受け取ったりした。政府は八一年九月中旬から戒厳令の具体的な準備を始めた。

戒厳令

一九八一年十二月十三日に突如「戦争状態」が宣言された。それは当時のポーランド憲法では戒厳令にあたるものであった。公式の理由づけは「連帯」指導者に国家転覆の陰謀があり、全国家的破局が迫ったことであった。前もって用意されたリストに従って、ワレサら「連帯」労組の活動家六七七四名が拘束された。

戒厳令の目的はたんに社会にショックを与えて、無政府状態を終わらせようとするものであったようにみえる。ヤルゼルスキほか二〇名の高級将校からなる「救国軍事評議会」が国家の最高権を握ったとされたが、そのうちに国会、党中総、その他の機関が通常どおり活動するようになり、軍事評議会は影を潜めてしまった。「連帯」指導者による国家転覆の陰謀は結局最後まで法的に確定できなかった。

戒厳令の情報は事前にもれていたが、「連帯」活動家はまったく無防備のままでXデーをむかえた。戒厳令はそれまでの政府の混乱ぶりからすると信じがたいほどの周到さ、規律、効率で実施され、たちまちのうちに社会のあらゆる動きが封じ込まれてしまった。

戒厳令は八二年末に「停止」され、八三年七月に解除された。市民生活への制約は段階的に解かれていった。「停止」とともにワレサを含むすべての拘留者が釈放された。解除とともに戒厳令下で逮捕された者、自首した地下活動家が特赦された。しかし、国家転覆罪で起訴された旧KOR関係者など十数名は除外されたし、戒厳令がいつでも発動できるようになったり治安立法が強化されたりしたので、公共生活にはそれほど大きな変化がなかった。

戒厳令布告後しばらくは、それが八〇年以前の共産党独裁体制への復帰を意味するのか、それともなにか新しい体制への移行を意味するのか明らかでなかった。前者の可能性を強く示唆する要素が少なからずあった。戒厳令の布告には共産党への言及がなかったが、そのうちに共産党が正常に活動しているだけでなく、なお独裁政党であることが明らかとなった。それだけではなく「連帯」労組などの自立的な社会団体が弾圧され、その活動家が迫害されるという、スターリン主義成立期を想起させる事態が起きた。八三年五月に「国民再生愛国運動」なるものが登場し、やがてその地位が憲法のなかに書き込まれたが、それはいわゆる統一戦線組織で、旧来のものとほとんど変わりがなかった。なによりも経済体制に基本的な変化がなかった。

しかし、注意深く検討してみると、すでにかなり早い時期からそうしたみかけの背後で基本的な変化が起きていたことがわかる。たしかに共産党の独裁は存続したが、戒厳令後もその凋落傾向がとまらなかったし、なによりもイデオロギーによる動員がほとんどなかった。党指導部からは保守派が系統的にはずされていった。かわって進出したのは軍人、経済実務家、国家官僚、ジャーナリストなどであった。それは権威主義的独裁というべきもので、幾つかの新しい特徴をおびていた。

権威主義的独裁

まず、非公式の党支配が弱まり、法治主義が強くなった。党にたいして政府や国会の権威が高まった。行政の恣意に歯止めをかけ、法規範の客観性を保証するために行政裁判所、国家法廷、憲法法廷、公民権オンブズマンのような制度がつぎつぎと設けられた。

つぎに、宣伝によって動員するのではなく啓蒙によって同意をとりつける政策が中心となった。ソ連よりもずっと早くグラスノスチ（情報公開）政策が採用され、政治、経済、社会のマイナス面が粉飾なく伝えられた。世論調査結果も大胆に公開された。

第三に、社会集団が一定の制約のなかでそれぞれの利害を表明することが許された。利害集団活動に従事する自由は広く認められ、多くの団体がそれを利用して発展した。たとえば、旧官許労組系の全国労働組合協議会は一九八六年十一月に早くも六五〇万の加入者を数えた。カトリック教会は当初からほぼ完全な活動の自由を認められた。

第四に、反政府派エリートを積極的に統合しようとする努力がおこなわれた。世論に影響の大きい知識人、元「連帯」活動家、教会関係者などの意見をくみとるための多くの機関が設立された。ヤルゼルスキはこれを「国民合意戦線」と呼んだ。それは過去の共産党の国民統一戦線と酷似していたので、反政府派の信用をえることができず、成功度はさまざまであった。

最後に、段階的に選挙民の選択権を拡大する試みがおこなわれた。八四年六月の地方選挙では議席の二倍の候補者が立てられ、八五年十月の国会選挙では党と政府の重要指導者のための無競争特別枠が設けられたかわりに、そのほかの枠での競争性が強められた。八八年三月に採択された地方議会選挙法はさらに選挙民の選択を拡大したが、この間に完全自由化が実現して適用されずに終わっている。

「連帯」労組は総崩れとなったが、けっしてそのまま消えてしまったわけではなかった。八二年四月になると非合法活動の全国的な連絡組織ができ、マゾフシェ地域本部議長ブヤクがその指導者となった。グダンスク協定二周年記念日や「連帯」登録二周年記念日に示威行動を組織したが、いずれも当局におさえこまれてしまった。以後、地下指導部は実力行動から情宣活動に転じた。八三年にワレサがノーベル平和賞を受けたことは大きな励ましとなった。

しかし、地下「連帯」は基本的な矛盾をかかえていた。大衆の日常的利害の保護を課題とした労働組合は非合法活動になじみにくかった。非合法活動は大衆運動というよりも少数のエリートの運動であった。本来の労組活動の分野ではしだいに旧官許系にお株を奪われるようになった。「連帯」は以後主として政治運動として発展する。また「連帯」からさまざまな政治的・思想的潮流が分岐し、地下でたがいに影響力を争った。

戒厳令政府は経済改革を実現することを掲げて登場したが、実際にはその措置はきわめて中途半端なものに終わった。経済は破局的様相を呈し、八一〜八二年に生産国民所得が四分の一も縮小した。この状態で改革を実施すれば、三〇〇万の失業者がでるだろうと予測された。政府は早々と完全雇用を約束した。これによって改革には重大な制約が課された。政府は統制経済の手法で雇用確保、債務返済のための石炭・農産物輸出、軍需生産などの緊急課題をこなすことに追われ、体制にメスを加える余裕がなかった。八一〜八五年には毎年平均三五%という猛烈なインフレが進行し、実質所得が二一%も減少した。農業だけは好天と政府の個人農保護政策のおかげでしばらく豊作が続き、食糧危機が回避された。

ヤルゼルスキは戒厳令を実施したことによってソ連にたいして行動の自由を回復した。以後、ソ連はポーランドの内政に干渉することを慎み、若干の経済援助さえも供与した。しかし、他方で西側諸国からは厳しい経済制裁を受けた。このため国際的ボイコット状態から脱するのがポーランド外交の主要課題となった。国内体制の緩和もある程度外交的要請に応えるものであった。ようやく八五年十一月に西側からのはじめての招待状が届いた。以後はソ連にゴルバチョフ政権が登場したことに助けられて国際政治への復帰が比較的順調に進んだ。

上からの革命

一九八六年九月に政府は三カ月前に逮捕したばかりの地下「連帯」の指導者ブヤクも含めてすべての「連帯」関係者を釈放した。同時に国家評議会議長諮問会議の設置を発表し、著名な「連帯」指導者、反対派知識人、カトリック教会関係者などに参加を呼びかけた。政府はまたこのころからしきりに経済改革の「第二段階」を唱え始めた。もともと段階設定はなかったので、これはそれまでの改革が失敗したことを認め、より大胆な改革を実施する意図と受けとめられた。サドフスキ副首相のことばによれば、それは「二、三年のうちに経済体制の論理を根本的に変えてしまう」はずであった。

このときから政府は矢継ぎ早に改革のイニシアティヴをとった。政府は大きな自信をもって改革を進めているようにみえた。国内的安定は達成されたかにみえた。国際的には西においても東においても追い風が吹いていた。これにたいして反対派の運動は今や「出血のとまらない病人」のようであった(クーロン)。それまで自分たちが唱えていたことを政府がつぎからつぎへと実施してゆくのを、彼らは啞然として眺めた。それはまさに「上からの革命」というべき現象だった。

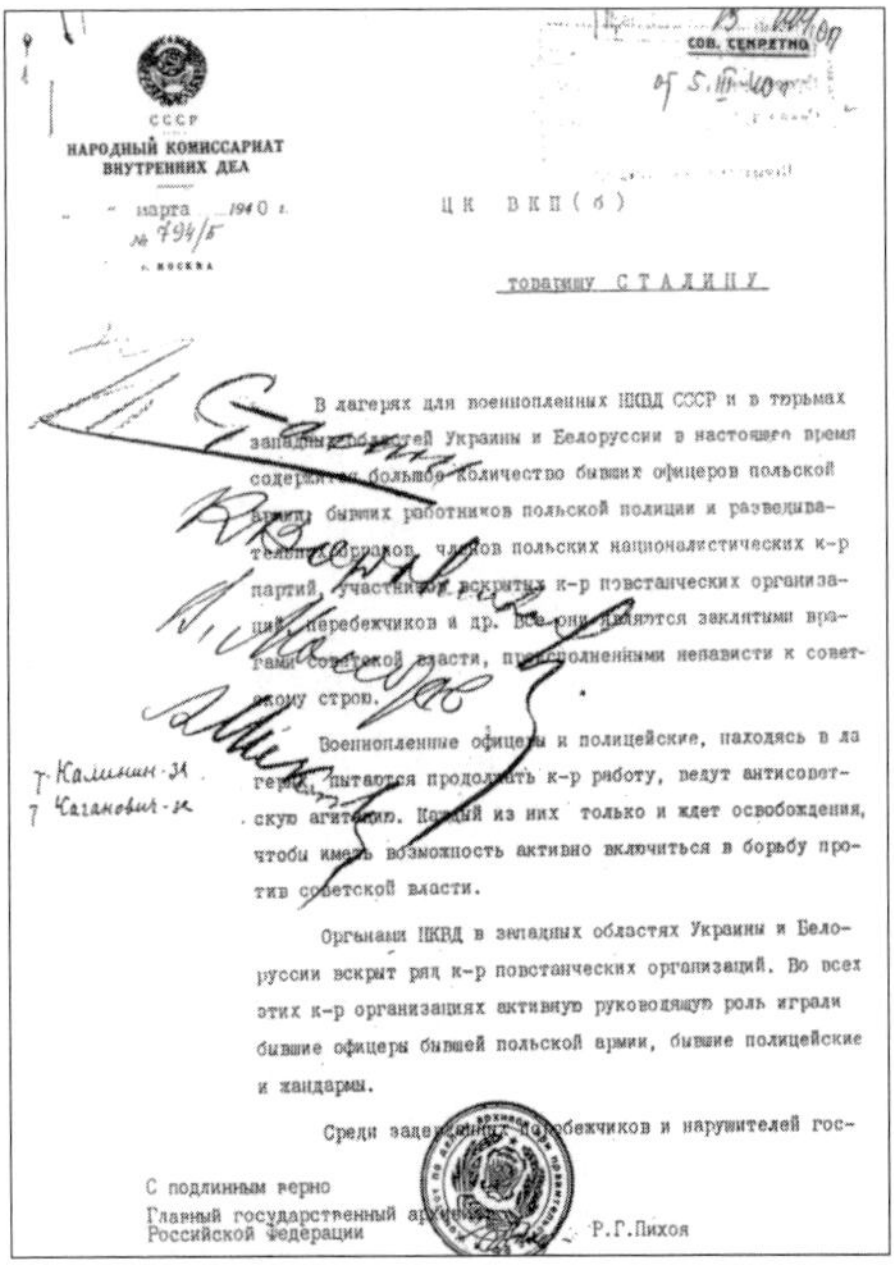

СССР
НАРОДНЫЙ КОМИССАРИАТ
ВНУТРЕННИХ ДЕЛ
— марта 1940 г.
№ 794/Б
г. МОСКВА

СОВ. СЕКРЕТНО
5.III.40

ЦК ВКП(б)

товарищу СТАЛИНУ

В лагерях для военнопленных НКВД СССР и в тюрьмах западных областей Украины и Белоруссии в настоящее время содержится большое количество бывших офицеров польской армии, бывших работников польской полиции и разведывательных органов, членов польских националистических к-р партий, участников вскрытых к-р повстанческих организаций, перебежчиков и др. Все они являются заклятыми врагами советской власти, преисполненными ненависти к советскому строю.

Военнопленные офицеры и полицейские, находясь в лагерях, пытаются продолжать к-р работу, ведут антисоветскую агитацию. Каждый из них только и ждет освобождения, чтобы иметь возможность активно включиться в борьбу против советской власти.

Органами НКВД в западных областях Украины и Белоруссии вскрыт ряд к-р повстанческих организаций. Во всех этих к-р организациях активную руководящую роль играли бывшие офицеры бывшей польской армии, бывшие полицейские и жандармы.

Среди задержанных перебежчиков и нарушителей гос-

т. Калинин - за
т. Каганович - за

С подлинным верно
Главный государственный архивист
Российской Федерации Р.Г.Пихоя

ソ連内務人民委員部からスターリンへ宛てたメモの一部(1940年３月５日付)　スターリン，ヴォロシーロフ，モロトフ，ミコヤンの署名がある。カティンその他におけるポーランド軍将校の虐殺がソ連共産党政治局の決定に基づき，ソ連の国家機関によって執行されたことを示す極秘資料。1992年10月14日にロシア政府からポーランド政府に手渡された。

ようやく政府ハト派が思いどおりに振る舞い始めたということができよう。しかし、彼らの内心には焦りがあったのかもしれない。というのは、このころからソ連でゴルバチョフ改革が加速化して、いわゆるブレジネフ・ドクトリンが放棄される可能性がでてきたからである。その場合には東欧諸国の共産党政権は自らの運命に委ねられることになろう。明敏な指導者は国民がそれを察知する前に、急いで支配の正統性を確立しておく必要があると考えたのかもしれない。さらに、国民は自分たちの功績を評価して自由選挙においても支持してくれるだろうと期待したのかもしれない。

政府は八七年十一月に経済改革と政治改革にかんする国民投票を実施した。国民投票の結果が有効であるためには有権者の過半数の賛成が必要であった。経済改革についても政治改革についても賛成は三分の二程だったが、投票率がやはり三分の二であったので、有権者の過半数にはわずかに達しないという結果となった。国民投票が不成立に終わったことは政府にとって大きなショックだった。しかし、自由投票下で投票者の三分の二の支持がえられたことは政治的には勝利といえるかもしれない。

このころヤルゼルスキは「社会主義的多元主義」を提唱し始めた。政府に近い知識人のあいだでも「市民社会」ということばが使われるようになった。ヤルゼルスキはまた、おりからソ連で起こってきた歴史の空白論争に関連してカティン事件の真相を求め、ソ連の責任を認めさせた。それまで寡黙で近寄りがたい人物という印象を与えていたこの軍人は、明らかに選挙を意識して行動するようになった。

「連帯」の理論家ゲレメクは八八年一月に政府陣営との「反危機協定」を提唱した。提案は政府側において好意的な反応をみいだした。八八年八月にバルト海沿岸地方で労働者のストが起こり、キシュチャク内相が危機打開策として円卓会議を提唱したが、これは反危機協定案を受けたものであった。円卓会議が実現するまでにもうひとつのハードルを乗りこえなければならなかった。それはそれぞれの陣営内の反対派をおさえることである。政府側では労組による保守派が強く反対した。八九年一月の党中総でヤルゼルスキが自らの辞職をかけて説得してやっと保守派の抵抗を打破することができた。「連帯」側では急進派が妥協に反対した。円卓会議に備えて八八年十二月に「ワレサ議長付き『連帯』市民委員会」が発足したが、急進派はこれから離脱して別組織をつくった。ここに「連帯」運動は分裂することになった。

4　リトアニア

ドイツとソ連の狭間で

第二次世界大戦が近づくにつれて、リトアニアはドイツとソ連の狭間に立たされ危機的状況に陥った。ナチ・ドイツは、リトアニアにクライペダ(メーメル)の譲渡を最後通牒をもって要求、一九三九年三月二十三日、リトアニアはバルト海の港湾都市を放棄することをよぎなくされた。

八月二十三日、ヒトラー政権とスターリン政権は独ソ不可侵条約を締結、同時にバルト三国とポーランドの分割にかかわる付属秘密議定書(モロトフ‐リッベントロップ協定)を調印した。それによってエストニアとラトヴィアはソ連の勢力範囲に、リトアニアはドイツの勢力範囲にはいることが約束された。九月一日、ドイツ軍はポーランドの西部地域を占領、三日には英・仏がポーランド側について参戦し、第二次世界大戦へと発展した。九月十七日にはソ連も軍隊を出動させ、ポーランドの東部を占領した。九月二十七日、ドイツとソ連は境界友好条約を結び、ポーランド領有の国境確定の線引きをしなおし、それにともなってソ連はリトアニアを勢力範囲とした。

同年九月、ドイツはポーランドに侵攻するとまもなく、ポーランドからヴィルニュス(ヴィルノ)を奪還するようリトアニア政府に軍隊の動員をうながしたが、リトアニアはそれを拒否し、中立の道を選んだ。

他方、ソ連は十月十日、エストニア、ラトヴィアにたいしてすでにおこなったと同様に、リトアニアにたいしても相互援助条約を結ばせ、リトアニア国内にソ連軍二万人を駐留させることを受諾させた。その代償として、ソ連は支配下におさめたヴィルニュス地方を、二〇年七月十二日に両国で締結した講和条約に基づきリトアニアに与えた。ソ連は、モスクワ講和条約によりフィンランドとの冬戦争に終止符を打つと、四〇年六月十四日、リトアニア政府に「友好的」政府の即時樹立を求める最後通牒を突きつけ、翌日赤軍を進駐させ、リトアニアを事実上占拠した。スメトナ大統領はソ連への降伏を潔しとせず武力で戦うことを提案したが、閣僚たちの賛同をえることができず、自らはドイツへ逃走した。ソ連政府はただちに外務人民委員代理デカノーゾフをリトアニアに送り込み、パレツキスを人民政府首相にすえ、傀儡《かいらい》政権をつくった。七月二十一日、リトアニア・ソヴィエト社会主義共和国が成立、八月三日リトアニアはソ連邦に編入された。独立期最後の首相メルキース、外相ウルプシースらリトアニアの指導部は逮捕され、ソ連の内陸に追放された。四一年の六月十四〜十八日、一万七五〇〇人の追放と流刑がおこなわれた。しかしソヴィエトの支配は一年しか続かなかった。

ドイツによる占領

一九四一年六月二十二日、不可侵条約を結んでいたにもかかわらず、ドイツ軍はソ連に開戦、リトアニアに軍隊を進駐させた。リトアニア人はドイツ軍の進撃をむしろ好意的にむかえる一方で、ただちに反ボリシェヴィキの臨時政府をつくった。しかしそれも束の間でリトアニアはナチの軍隊に制圧され、リトアニアの独立回復の希望は潰《つい》えた。ナチ・ドイツはリトアニアのユダヤ人二〇万人を虐殺、生きながらえたユダヤ人はわずか一割だけであった。それに先立ち、カウナス(コヴノ)の日本領事館の外交官杉原千畝がポーランドから逃れてきたユダヤ人にヴィザを発給したことはあまりにも有名である。多くのリトアニア人が抑圧され、ドイツの強制労働収容所に送られた。ドイツ占領軍はバルト諸国とベラルーシとからなる帝国管区「オストラント」を創建したが、やがて赤軍に反撃され、四五年一月二十八日クライペダを占拠されると、最後のドイツ軍部隊は撤退した。

ソ連体制

リトアニアはふたたびソヴィエト軍に占領され、スニエチュクスを共産党第一書記(一九七四年まで)、ゲドヴィラスを閣僚会議議長(五六年まで)、パレッキスを最高会議幹部会議長(六七年まで)とする共産党独裁のソヴィエト体制が始まった。リトアニアの国家権力は共産党によって占められ、五八年まではリトアニア人の党員は少数派で党全体の一八%にすぎなかったが、八六年になると七〇%にのぼった。国家保安人民委員部、内務人民委員部、全連邦共産党中央委員会リトアニア支局が設けられ、ソ連から送り込まれた軍隊と共産党員によってリトアニアのソヴィエト化が組織的におこなわれ、国家の指導者、知識人、聖職者らが粛清された。四四〜五三年スターリン体制のもとでの一〇年間に、二〇万とも三〇万ともいわれる人々が国家反逆者の罪を着せられ、シベリアなどソ連各地の強制収容所に送られた。リトアニア全土の森林に逃げ込んだ「ミシュコ・ブローリャイ(森の兄弟)」と呼ばれるゲリラたちは国家の独立のためにレジスタンス活動を続けた。しかし一〇年後にはソヴィエト権力の前に鎮圧された。彼らの土地や財産は没収される一方、集団農場(コルホーズ)、国営農場(ソフホーズ)がつくられ、ロシア人の入植政策がとられた。それでもリトアニアはラトヴィア、エストニアに比べると人口全体に占めるロシア人の比率は低かった。大戦前は八一%がリトアニア人であったが、八九年の総人口三七〇万人のうちリトアニア人二九二万人(八〇%)、ロシア人三五万人(九・四%)、ポーランド人二五万人(七%)、ベラルーシ人六万三〇〇〇人(一・七%)、ウクライナ人四万五〇〇〇人(一・二%)、ユダヤ人(〇・三%)からなっている。四四年に赤軍が戻ってきたとき、数万人のリトアニア人が西側に逃れ、およそ六万人がドイツの国連救済難民キャンプに一時収容され、その後アメリカ、カナダ、南米、オーストラリアの各地に移民していった。

リトアニアは伝統的に宗教にたいし寛容であった。しかしソヴィエト社会の到来で、宗教は弾圧され、カトリック教会、ロシア正教会、プロテスタント教会、ユダヤ教の会堂が閉鎖され、迫害をこうむった。ヴィルニュスの大聖堂カテドラは美術館に、リトアニアの守護聖人を祀る聖カジミェラス教会は無神論博物館とされた。

五〇年代から七〇年代、工業化と全ソ連への経済統合化が進められ、古くからあった軽工業、食品加工業、製材業が発展したほか、新しく機械製造業、冶金、電力(イグナリナ原子力発電所、チェルノブイリ型、八三年から稼働)、化学、石油化学(マジェイケイ製油所)などがあらわれた。しかしリトアニアの工業化は主としてソ連のためになされたもので、リトアニア国内の環境や社会問題は考慮されなかった。六〇年代から七〇年代農民の都市への移住が顕著になり、都市人口は六〇年から九〇年にかけて三九%から六八%へと増加した。

三〇年間リトアニア第一書記を務めたスニエチュクスは、何万人もの流刑者の命令書に署名し、抑圧をおこなったが、彼自身は生涯失脚することなく、スターリンの死後には、クレムリンの指令を巧妙に退けたことで知られる。ロシア人の国内への移住、環境の破壊を最小限にくいとめ、リトアニアの自立性を守ったことや、フルシチョフのトウモロコシ栽培の勧告をかわし、ソ連で最上のバターやハムを生産した酪農・畜産施策で評価された。ちなみに、戦間期リトアニアのバターはデンマークにつぐ良質のものであった。

5　ラトヴィア

ソ連邦の一共和国として

ラトヴィアでは、ソ連への強いられた「編入」で、ウルマニス大統領をはじめとする独立時代の指導者層を含む多くの人々が、連行、処刑、あるいは、シベリアに追放された。一九四一年六月にドイツ軍はソ連へ侵攻を開始し、ラトヴィアはナチ・ドイツの占領下におかれた。四四年から四五年にかけて、ソ連軍がふたたびラトヴィアの奪還を始めると、知識人を含む多くが、ドイツ、スウェーデンに亡命し、そこから、アメリカ、カナダ、オーストラリア等へと移住した。

ソ連軍の再占領で一九四〇年のソ連への加盟はふたたび有効となり、ラトヴィアは中央集権的支配構造のなかに組み込まれていった。ソ連政府に抵抗する「メジャブラーリ(森の兄弟)」と呼ばれるゲリラ活動は、とくに農業集団化に際して活発化したが、厳しいソヴィエト化の推進で五〇年代にはほぼ消滅した。

ラトヴィアでは、全連邦的企業の設立や工業化の推進がはかられたが、亡命者、強制移住、戦争の犠牲者によって激減した人口を補うものとして、多数のロシア人労働者が流入した。資本・原材料は中央から、生産品の大半はまた中央へ送られるという流れがつくられ、これによって、ラトヴィアと連邦政府および連邦内のその他の共和国との依存関係ができていった。労働人口の欠乏にもかかわらず、工業化の推進と投資は、全ソ連邦の水準をこえており、とくに機械製造業、金属、電気製品などに重点がおかれ、工場の多くはリーガにおかれた。リーガの人口は急増し、五〇年に四八万二〇〇〇人であったのが、八五年には八八万三〇〇〇人となった、これは、総人口の約三分の一がリーガに集中していることを示している。また、工業に従事する労働人口の五二%(七〇年代末)が、リーガにあった。リーガの人口の急増は、おもに共和国外から移入してくる労働者であり、都市でのラトヴィア人人口比の減少や出生率の低下が問題となってきた。

ソヴィエト化は、産業、ロシア人の流入にとどまらず、文化面にもおよんだ。文学、言語、演劇もロシア化に直面し、歴史の書き直しも実施された。かつてのボリシェヴィキの英雄が評価されていった。独立時代の歴史は「ブルジョワジーの傀儡政権」として無視された。ソヴィエト化はとくに教育を通じて推し進められていった。ラトヴィア語学校では、ロシア語の学習が義務づけられ、このため、ロシア語学校より修業年限が一年長かった。

共和国政府の指導者には、独立時代にソ連に亡命していたラトヴィア人共産党員、ソ連生まれのラトヴィア人らがロシア人共産党幹部とともに送り込まれた。ラトヴィア語を理解しない指導者による中央政府直結の支配であった。スターリン死後の雪解け期の五八年、独立時代からの古参共産主義者ベルクラヴスが、ラトヴィア最高会議副議長となって一連の改革に着手した。翌五九年にベルクラヴスはロシアに追放、約二〇〇〇人のラトヴィア人共産主義者が粛清され、六〇年代になると、一層厳しい中央集権的支配がおこなわれた。抵抗運動は、地下活動として続けられ、また、西側諸国で人権運動として七〇年代末には活発化した。ラトヴィア語を十分には理解しない共和国最高指導者は八八年まで続いた。

一九七〇年代は、経済が停滞し、党のスローガンと社会経済の実態の差は拡大する一方で、批判は一般大衆だけでなく党内でもみられ、改革の必要性は認識されていた。社会問題として深刻になっていたのは、ラトヴィア人人口比の激減とロシア人人口比の急増である。三九年には、ラトヴィア人は全人口の七五・五%、ロシア人は一〇・六%であったが、七九年にはラトヴィア人五三・七%、ロシア人三二・八%と大きく変化した。

民主化と自立運動

ラトヴィア人が共和国の少数民族になるという危惧は現実味をおびてきていた。とくにリーガやダウガヴピルスをはじめとする大都市では、ラトヴィア人が少数民族となっていた。一九五九年にリーガのラトヴィア人人口比は四四・六％であったのにたいし、八九年には三六・五％に落ち込んでおり、他方ロシア人は約六割にまでなっていた。

改革の必要性が認識されていたラトヴィアで、八五年のゴルバチョフの登場とペレストロイカのおよぼした影響は大きかった。その影響は八六年にはダウガヴァ川流域の水力発電所拡張工事に反対する環境保護運動になってあらわれた。翌八七年に建設中止という成果をえて、バルト海の汚染への抗議活動、リーガの地下鉄工事反対運動へとさらに展開した。

運動は、独ソ不可侵条約締結の日、大規模なシベリア強制追放の日、独立記念日などのカレンダーデモとしてあらわれ、八八年にはそれが多数を動員するものとなった。集会やデモでこれまで禁じられていた古い歌をうたったことから「シンギング・レボリューション（歌とともに闘う革命）」と呼ばれた。

八八年十月に、モスクワの党中央統制委員会議長となったプーゴにかわって、ラトヴィア最高会議議長ヴァグリスがラトヴィア共産党第一書記になった。指導者層をラトヴィア語を駆使できる改革派が握り、独立時代の国旗を民族旗として、また、これまでロシア語との二言語併用であった言語は、ラトヴィア語を公用語として認めた。ゴルバチョフの改革を支持しようと設立されたのが、人民戦線である。人民戦線議長になったのは、八六年の水力発電所拡張工事反対運動の先頭に立っていたイーヴァーンスである。ラトヴィア人民戦線は、エストニアとリトアニアのそれとともに「人間の鎖」で協力・連帯を示したように改革と民主化を求める声を結集していった。人民戦線は、設立当初の八八年には、ソ連邦内の自治をめざしていたが、翌八九年になると、現状を独立への移行期ととらえていることを明らかにした。九〇年三月十八日の最高会議議員選挙で人民戦線系が圧勝し(二〇一議席中一三八議席を獲得)、五月四日に、一九二二年のサトヴァルスメ(憲法)が再導入、ラトヴィア最高会議は独立回復に関する宣言を発し、それへの過渡期であることを内外に示した。これは、リトアニア(独立宣言)、エストニアの動きに続いたものであった。人民戦線の連帯以来、ラトヴィアはエストニア、リトアニアと協力して運動を展開してきたが、この後、ソ連からの分離独立を求めるために首脳からなるバルト三共和国会議を設置し、協力体制をしいた。これにたいして、ソ連は三共和国の分断政策をとろうとし、独立交渉は難航した。三共和国対ソ連の対立構図は、九一年一月十三日のリトアニアでの「血の日曜日事件」と、それに続く二十日のラトヴィアでの流血の惨事で表面化した。ラトヴィアは、九一年八月のモスクワでのクーデタの失敗に、ソ連との膠着状態を解く機会をみいだした。クーデタの発生で、ラトヴィアでは親モスクワ派およびソ連軍を背景にした保守派が、新政府の創設を試みたことは、ラトヴィアのロシア人住民を中心とする反独立勢力の存在を印象づけた。ラトヴィア最高会議は八月二十日、独立宣言をおこない、九月六日にはソ連最高会議幹部会は独立を正式に承認した。

6 エストニア

エストニアにとっての第二次世界大戦

一九三九年八月二十三日に締結された独ソ不可侵条約(モロトフ－リッベントロップ条約)付属秘密議定書では、エストニアはソ連の勢力圏に入れられた。エストニア政府はこの情報を入手しながらも、戦争の回避を優先し、動員をおこなわなかったとされる。

第二次世界大戦勃発直後、ソ連は、通商条約の調印のためにモスクワを訪問したセルテル外相にたいし、抑留中のポーランドの潜水艦がエストニアから逃走した事件を口実に相互援助条約の締結を迫った。孤立無援のエストニアは同意せざるをえなかった。九月二十八日に締結された条約に基づき、十月十八日、ソ連軍は進駐を開始した。さらに、翌四〇年六月十六日、ソ連は条約違反を理由に、親ソ政権樹立とエストニアにおけるソ連軍の自由通過とを要求する最後通牒を駐モスクワ・エストニア大使に突きつけた。エストニアはこれを受諾し、ソ連軍はわずか二日間で全土の占領を完了した。六月二十一日、ソ連軍がわきを固める中で「自発的な人民のデモ」が組織され、政治的には無名のヴァレスを首班とする「人民政府」が成立した。七月十四、十五日には事実上選択権のない総選挙が実施された。新議会は、二十一日、ソ連邦への編入を要請する決議をおこない、八月六日、ソ連邦最高会議はこれを承認、エストニアはソ連内の共和国となった。この間、パッツをはじめとする政府および軍指導者はつぎつぎと逮捕された。併合後、ソヴィエト化は政治・経済の分野で一気に進行した。大企業と銀行は国有化され、また、一世帯で三〇ヘクタールをこえる分の土地が接収された。四一年六月十四日、最初の大量強制移送が実施され、一夜にして約一万人がシベリアへ送られた。

こうした状況下で独ソ戦が始まると、当初、ドイツ軍は解放者としてむかえられた。しかし、ナチ・ドイツの占領が進められる中で、ウルオツ元首相による独立回復要求は無視され、かつてヴァップス(独立戦争退役軍人同盟)の指導者の立場にあったマエを首班とする傀儡の自治政府が設置された。エストニアはドイツの軍と国民の食糧・燃料補給地と化し、戦況が悪化すると、エストニア人も徴兵された。このため、エストニア人はソ連軍側とドイツ軍側に分かれてたがいに戦うこととなった。

ドイツ占領下での抵抗は、かつての反パッツ派が形成したエストニア共和国民族委員会とウルオツを中心とする親パッツ派グループとによって別個に行われた。しかし、ドイツ軍の敗退でソ連軍の侵攻が間近に迫ると、両者は協力し、対ソ戦のための戦いを国民に呼びかけた。フィンランド軍に加わっていた人たちに祖国解放のための帰還を訴え、四四年八月には約一八〇〇人が帰国した。だが、ソ連軍の侵攻をくい止めることはできなかった。ウルオツは同年九月十八日、エストニア共和国の継続を宣言したが、実現しなかった。戦死や独ソ両占領軍支配下での犠牲のほか、スウェーデンをはじめとする西欧諸国への亡命により、第二次世界大戦中、エストニアは三九年時点の人口の約三〇%を失った。四四年から四五年にかけて、ペッツェリ県の四分の三とナルヴァ川東岸がロシア社会主義共和国に領域替えとなったことによる人口減もこの喪失に含まれている。

ソヴィエト化の時代

一九四四年秋、エストニアはふたたびソ連軍に占領され、まもなく全面的なソヴィエト化が再開された。四七年に始まった農業集団化は、四九年の時点で全体の八%しか進行していなかった。このため四九年三月に二度目の大量強制移送が強行された。少なくとも二万人以上(おもに農民)がシベリアに送られている。その結果、五〇年には九二%が集団化された。他方、工業分野には再占領直後から人的資源や資金が大量に投入され、工業化が急速に推し進められた。とくに、レニングラードへのエネルギー源として重視されたオイル・シェル産業は、四六年にはすでに復興した。

これにともない、ナルヴァやコフトラ・ヤルヴェなどの都市にソ連の他の共和国から多数の労働者が流入し、ロシア語系住民がそれぞれの都市で多数派を占めるようになった。大量強制移送と労働者の流入の結果、エストニアの民族構成は大きな変化をこうむり、全人口におけるエストニア人の割合は三九年の八八・二％から五〇年には約七五％に低下し、その後さらに減少した。政治面においても、五〇年から五一年の粛清でロシア化が進んだ。エストニア共産党の指導的地位の大半をロシア生まれ、ロシア育ちのエストニア人が占めるようになった。

終戦後も、ゲリラ（「森の兄弟」）による抵抗活動は止むことはなかった。これは、四〇年の最初の強制移送を避けて森へ逃れた人々に端を発し、その後、ドイツ軍に徴用されていたグループやソ連軍への徴兵を忌避した人々らが加わったものである。「森の兄弟」は全国に散在し、リトアニアとは異なり、中央組織をもたなかった。抵抗の程度は地域によりさまざまで、運動がもっとも盛んであった四六年から四八年にかけては軍と衝突することもあった。しかし西側諸国からの援助にたいする期待が薄れ、また、農業集団化により食糧等の入手が困難になったため、スターリン死後の恩赦を受け入れ、ゲリラ活動は終わりを告げた。

フルシチョフ時代の「雪解け」の現象は、政治面よりはむしろ、文化面と経済面で顕著にあらわれた。高級文芸誌「ローミンク・ラーマトコク（創造文庫）」の発刊が始まり、クロス、カプリンスキらの作家や詩人が登場した。また、五七年に首都タリンが外国人観光客に開放されるなど、外国との交流がある程度可能になった。一方、地方国民経済会議の設立で経済の地方分権化が進み、エストニア経済の活性化に寄与した。シベリアへ移送された人々の帰還も続き、社会的緊張もゆるみ始めた。だが、早くも六五年には地方国民経済会議が廃止され、経済はふたたび連邦中央政府の統制下におかれた。また、チェコスロヴァキアへの軍事介入がおこなわれた六八年八月を境に、エストニアにおいても社会にたいする締めつけが強化された。

停滞の時代といわれる七〇、八〇年代には社会のさまざまな問題が表面化した。そのひとつがロシア化の進行である。ロシア語系住民の流入は民族構成の変化のほかに、住宅問題や言語問題を引き起こした。七八年、ロシア語教育の拡充が決定され、公的分野におけるエストニア語の使用制限が強化された。さらに、急激な工業化政策の結果、環境汚染問題が深刻化した。

体制の枠内での改革にたいする失望は異論派を生み、七八年ころからサミズダート(地下出版)が本格化した。西側社会、とりわけフィンランドとの接触は自由や人権等に関する人々の意識に影響を与えた。七二年、エストニア民族戦線とエストニア民主主義運動が国連総会宛てに共同メモランダムをだした。八〇年、四〇年以来初のストライキが起こり、また、学生によるデモも頻発した。国外向けのさまざまなアピール文書や「四〇人の書簡」(一九八〇年)等の公開状がだされた。八一年十二月には、ポーランドの「連帯」の影響を受け、一カ月に一度、三〇分間の沈黙のストライキをおこなう「静寂の三〇分間」の試みが始まった。だが、「連帯」の弾圧後、挫折し、異論派の活動は停滞した。

民主化への胎動

ゴルバチョフの下で始まったペレストロイカの進行にともない、民主化を求める動きが公然化し始めた。その端緒となったのが環境保護運動である。一九八七年に開始が予定されていたラクヴェレの燐光石の採掘には、多くの専門家がかねてから水質汚染への懸念を表明していた。加えて、あらたな採掘はロシア語系労働者の一層の流入を招くことを意味した。こうして、八七年春に始まった採掘反対の動きはたちまち拡大し、抗議集会やデモ行進がおこなわれた。十月二十七日、エストニア共産党中央委員会はソ連邦閣僚会議が採掘計画の中止を決定したことを伝えた。

同じく八七年の八月二十三日、タリン市のヒルヴェ公園で、モロトフ－リッベントロップ条約付属秘密議定書の存在の認知と公開を求める集会がおこなわれた。これを契機に「モロトフ－リッベントロップ条約を公開するためのエストニア・グループ（MRP‐AEG）」が結成された。これは反体制運動が少数の活動家によるものから、大衆運動の局面に移ったことを示す出来事であった。八八年の夏にはさまざまな歌の祭典が催され、「歌う革命」と呼ばれた。九月におこなわれた「エストニアの歌 一九八八」には三〇万人近い人々が集まった。経済面では八七年九月、「四人の提案」が『エタシ（前進）』紙上で発表された。この提案は企業の独立採算制と共和国の経済的自立を要求するもので、当時としてはかなり急進的な内容であった。

民主化と独立回復への過程において、対立と協力とを繰り返しながらそれぞれの役割をはたしたのが、人民戦線とエストニア社会主義共和国最高会議（以下、最高会議）、国民委員会の三組織であった。人民戦線は八八年四月、先述の「四人の提案」の起案者の一人であるサヴィサールを中心に、ペレストロイカの推進を目的として結成された(正式な発足は同年十月)。穏健路線をとったため、この組織には知識人、改革派共産党員、ロシア語系住民らの幅広い支持が集まった。八九年八月二十三日、ラトヴィアとリトアニアの人民戦線と共同で、「人間の鎖(バルトの道)」を実現させ、エストニアの首都タリンからリトアニアの首都ヴィルニュスまで三国の人々が手をつないでモロトフ-リッベントロップ条約にたいする抗議の姿勢を示した。平和的な示威運動の典型的な例である。

八八年六月、守旧派のヴァイノにかわり、改革派のヴァリヤスが共産党第一書記に就任した。これ以降、最高会議は改革の波にのり遅れまいとする姿勢をとるようになった。十一月、最高会議は「エストニア社会主義共和国の主権に関する宣言」を採択した。これは、十月下旬に公表されたソ連憲法改正案が共和国の権限を縮小するものであると解釈し、それへの対抗として、エストニアの法がソ連邦の法に優越することを宣言したものである。翌八九年一月にはエストニアの共和国語をエストニア語と定めた言語法を制定、続いて十一月には、四〇年のソ連邦への編入要請決議を無効とした(併合自体ではない)。

他方、国民委員会は、人民戦線の穏健路線にあきたらない急進派で構成された。反体制活動家を中心とする急進派のなかには、比較的穏健な「エストニア歴史遺産保存協会」やエストニア・キリスト教同盟、もっとも急進的なエストニア民族独立党(MRP-AEGの後身)が存在した。彼らは、「加盟したことのない国から離脱することはできない」との立場をとった。急進派は、エストニア共和国の両大戦間期からの連続性を主張し、最高会議を占領国の機関とみなして、エストニア共和国の主権を代表する機関としての「エストニア議会」の創設をめざした。八九年二月二十四日、国民委員会の組織化が開始された。国民委員会は、「エストニア議会」選挙にむけ、四〇年六月以前からのエストニア国籍を有する者およびその子孫と、エストニア国籍取得を希望する一九四〇年六月以降の移住者の登録をおこなった。後者の大半はロシア語系住民である。

こうした改革派や急進派にたいし、守旧派の共産党員や退役軍人らによって結成されたのが「インテル運動(インテルは族際ないし国際の意)」である。しかし、必ずしもロシア語系住民の大半がこの運動を支持していたわけではない。

九〇年二月二十四日から「エストニア議会」選挙が実施された。人民戦線も選挙への参加を決断した。注目すべきは、選挙前の二月二日、最高会議と地方議会の議員、ソ連邦人民代議員大会へのエストニア選出の議員が一堂に会し、一九二〇年のタルト条約に基づいて中央政府と独立回復交渉をおこなうことを決議した出来事である。これは明らかに急進派への支持拡大を意識したものであった。選出された「エストニア議会」では、人民戦線とエストニア歴史遺産保存協会の勢力が拮抗し、民族独立党や共産党も議席を獲得した。「エストニア議会」がもっとも影響力を行使しえたのはこの選挙のときであり、その後、同議会の勢いは徐々に衰えていった。

九〇年三月十八日、エストニア社会主義共和国最高会議の選挙が実施され、独立支持派が勝利をおさめた。三月三十日、新しい最高会議はエストニアが独立回復への移行期にあることを宣言した。五月八日、国の正式名称を「エストニア共和国」とする決議が採択された。九一年三月に実施された住民投票の結果は、エストニア人のみならず、ロシア語系住民のなかにも少なからず独立の支持者がいることを示したものの、独立への見通しは立たなかった。一方、移行期にある経済は生産の低下、インフレ率の上昇等により悪化の一途をたどっていた。

独立問題での膠着状態を打開する契機となったのは、九一年八月十九日にモスクワで発生した政変であった。このとき、プスコフからタリン方面にソ連軍の戦車が移動し、エストニアでも事態は緊迫した。決断を迫られた最高会議は二十日、エストニアの独立を確認し、諸外国に外交関係の回復を求める決議をおこなった。独立は西側諸国としてはアイスランドを皮切りに各国から承認され、九月六日、ソ連も独立を承認した。

第八章　独立と民主化の時代

1　ポーランド

体制転換とマゾヴェツキ政権

一九八九年二月六日にワルシャワの代官宮殿（現在の大統領府）で「円卓会議」がスタートした。与党連立側と野党「連帯」側に分かれ、カトリック教会のオブザーバー二名を含む五八名の代表が参加した。実質審議は社会経済政策、組合複数主義、政治改革の三部会に分かれておこなわれ、その部会はさらに九つの下部委員会と作業部会に分かれた。こうした討議に加わった者は双方合わせて数百名に上った。円卓が象徴するようにそこには上下関係がなく、それまでの憲法原則であった「共産党の指導的役割」がすでに機能を停止していた。「連帯」労組はなお合法化されていなかったが、共産党と対等の交渉相手であった。会議が始まると、議場内においてだけではなくほとんど全国的に言論の自由が復活した。「円卓会議」は憲法制定会議の性格をもっていたが、代議員は選ばれておらず、たんに二つの有力勢力の代表者会議、つまりエリートの談合の場であるにすぎなかった。多数決ではなく合意だけが唯一の決定手続きであった。全体会議においても部会・下部委員会においても一人の議長ではなくそれぞれを代表する共同議長をおいた。会議のスポークスマンもそれぞれが一人ずつたてた。最も重要な決定は郊外の内務省の休憩所(マグダレンカ)での秘密会議でおこなわれた。それは、カトリック教会の代表者の同席の下に、双方のトップ(キシュチャク内相とワレサ議長)が協議を行い、決着する場であった。

円卓会議は二ヶ月後の四月五日に政治合意、労組問題、マスメディアへのアクセス、経済問題の四点について最終文書を採択し、閉会した。政治合意、つまり国政の基本構造案のベースとなったのは与党連立側の素案であった。共産党内のヤルゼルスキ側近グループ、いわゆる三人委員会(ウルバン＝チョセク＝ポジョギ)で練られたもので、円卓会議が開かれる一年以上も前にほぼ完成していた。それは基本的に大統領、上院、下院間のバランスを骨子とする準大統領制で、大統領職と上院の新設、一部に自由選挙の導入などを見込んでいた。最終合意は三月二日のマグダレンカ会談で承認された。

国会は四月七日に国家評議会を廃止して任期五年の大統領職設置、下院の常設機関化、上院新設の三つを骨子とする憲法改正を行い、選挙法を制定した。同時に結社の自由原則に立つ結社法が採択され、それに基づいて四月十七日に「連帯」労組が再登録された。八年ぶりでの合法化であった。組合員は六月の時点で二〇〇〇万弱を数えた。

上院は一〇〇議席、下院は四六〇議席からなった。上院は完全な競争選挙で、下院は与党側が議席の六五％以上、野党側が最大三五％となるように設計された選挙で選ばれた。上院は各県定員二（ワルシャワとカトヴィツェだけ三）の中選挙区多数代表制で選ばれた。下院は全国区と選挙区に分かれた。全国区は有力政治家（首相、大臣、政党指導者）のための与党枠で、定数だけの候補者に対して信任投票がおこなわれた。選挙区は与党定員二六四、無党派定員一六一（与党も無党派枠で立候補可能）に分かれ、それぞれで競争選挙がおこなわれた。選挙区（県と一致）には人口数に応じて二～五の定員が割り当てられ、そのうち少なくとも一つの定員は無党派枠であった。大統領は「国民会議」（上下両院合同会議）で選ばれ、首相は下院で指名された。六月四日という早い日程で出発選挙が行われ、早くも五月二十二日に候補者が締め切られた。大統領は与党が五六〇議席中少なくとも二九九議席を占める国民会議によって選ばれ、首相も与党が六五％以上を占める国会によって指名されるはずなので、与党が両職とも握るはずであった。

選挙を実施してみると、思いがけないことに共産党が敗北した。選挙制度はいろいろ細工が施されてはいたが、基本的に有権者の自由意思を尊重していた。自由選挙は政府にとっても有権者にとっても初めての経験であった。政府は自由選挙の条件下でいかに政治をおこなうかを知らず、有権者はできるかぎり旧体制関係者を排除しようとした。まず、上院は完全自由選挙であったので共産党にとって悲惨な結果となった。次に、下院全国区は過半数の信任があれば当選だったが、有権者は共産党の一名と農民党の一名を除いて容赦なく不信任とした。第三に、下院選挙区は、①中選挙区多数代表制、②定員ごとの投票、③政党名なしでアルファベット順に並べられた候補者群から選択、④消極的選択（選びたくない候補者削除）、⑤有効票の過半数得票者がない場合は上位二者間で決戦投票というやり方を特徴として、いずれも共産党に不利に働いた。与党枠と無党派枠に分かれたが、一次投票での与党当選者は与党枠でわずかに三名（実はこの三名も野党票で当選）、無党派枠でゼロ、これにたいして野党当選者は上院で九二名、下院無党派枠で一六〇名となり、野党の圧勝であった。投票率は六二・三％だった。下院全国区で不信任となった候補者の議席は欠員となるはずであったが、二次投票までに野党が譲歩して、与党枠に組み入れられた。六月十八日に行われた二次投票はわずかに二五・一％の投票率にとどまった。与党側は上院〇、下院与党枠二九九（そのうちの五五人が野党票で当選）、野党側は上院七、下院無党派枠一（つまりすべて）、無所属は上院一という結果となった。しかしながら、与党側の敗北は一見そう見えたほどには完璧でなかった。一般に西部と北部（いわゆる再獲得領）では与党票が多く、大都市と南東部（ガリツィヤ）では野党票が多かった。有権者全体における野党側の得票率は四〇〜四二％にとどまった。与党側が一議席もとれなかった上院でさえ、比例代表制であれば与野党比は一七：六四ぐらいにはなっただろう。

最初の課題は大統領の選出であった。この間にワレサ議長付「『連帯』市民委員会」を改め、「市民議会クラブ（ＯＫＰ）」と名乗った野党「連帯」側勢力は、どう対応したか。七月になってその理論的指導者ミフニクが「君らの大統領、われらが首相」という妥協案を発表し、若干数の旧野党票がヤルゼルスキ支持に回った。そのおかげでヤルゼルスキは、わずか一票というきわどい差で大統領に選ばれた。それはヤルゼルスキにとって屈辱的であると同時に、自分が置かれた状況を十分に認識させる機会となった。

ヤルゼルスキは首相の任を共産党の内相キシュチャクに託したが、キシュチャクは議会での多数派工作に苦しんだ。八月半ばになってにわかにＯＫＰのワレサが旧与党連立側の統一農民党（ＺＳＬ）、民主党（ＳＤ）と連立を組むと宣言し、議会多数派を形成したので、大統領はワレサの推す候補を指名せざるを得なかった。ワレサが推した三人の首相候補の中から大統領はマゾヴィエツキを選んだ。憂慮されたのはソ連の反応であったが、意外にもゴルバチョフはまったく異議を唱えなかったので、ここに東欧で最初の非共産党政府が発足することとなった。

次の課題は組閣であった。ＯＫＰを中心として、統一農民党、民主党だけではなく、旧共産党系の政治家も加わることになった。財務相バルツェロヴィチ、労働社会政策相クーロンはＯＫＰ、内相キシュチャクはＰＺＰＲ、外相スクビシェフスキは無所属であった。この意味で首相が「連帯」の流れを汲むとしても、政府は必ずしも「連帯」政府ではなかった。首相は批判者から「契約国会」と綽名された国会と、旧共産党出身のヤルゼルスキ大統領の協力を得て統治した。それは基本的に円卓会議の合意に基づく政府であった。閣僚の中のバルツェロヴィチ財務相と、スクビシェフスキ外相はその後いくつかの政府にとどまり、経済政策と外交政策の連続性を体現した。

マゾヴィエツキ政権は大きく分けて二つの政策措置をとった。一つは体制原則に関わる措置であった。憲法はとりあえず社会主義時代の憲法の手直しにとどまった。一二月末に国称を改め、人民共和国を単なる共和国に戻し、司法の独立、民主的法治国家、社会的公正、国民主権、政治的多元主義、地方自治、経済活動の自由、私有財産権の保障などを盛り込んだ。また憲法からPZPRの指導的役割、国民再生愛国運動(PRON)への言及、ソ連その他の社会主義国との友好などを削除した。九〇年四月には戦後の国民的祭日を廃止し、戦前の祭日を復活した。九〇年三月の再度の憲法改正で、国民評議会(旧ソ連の「ソビエト」に当たる地方自治体)を廃止し、法人格をもつ地方自治体に全権を委ねて、民主的な原則に基づく地方議会選挙を五月に実施した。

もう一つは経済改革措置であった。バルツェロヴィチ財務相は一〇月にまずインフレ抑制、市場の均衡、通貨の健全化からなる安定化プログラム、ついで私有化、資本市場・労働市場の創出、非独占化、税改革、社会保障改革からなる構造変動プログラムを提示し、年末までに関連一一法案を提出して、翌年初めから改革を実施した。それはいわゆるショック療法で、短期間国民に大きな苦しみを強いるが、その代わり効果が早くて大きいといわれた。

たしかにハイパーインフレはほぼ一年で終息したが、ふつうのインフレはさらに一〇年ほど続いた。

かつて社会主義時代に国民が経験したことのない失業が現れ、実質賃金が急落した。一般市民が最初に肌で自由市場を体験したのは闇市場だった。こうしたことはすべて円卓会議の確認事項にもマゾヴィエツキ政府の公約(「社会的市場経済」)にも反することだったが、散発的なスト以外に国民の抵抗は大きくなかった。マゾヴィエツキ政府への世論の支持率は九〇年春に八〇〜九〇%を推移した。

外交政策の課題は第一次大戦後や第二次大戦後と比べて一つの大きな負担を免れた。それは領土をめぐる争いがほとんどなかったことである。それはソ連の長い東欧支配のプラスの遺産であった。マゾヴィエツキ首相は就任後最初の外交政策演説で、対等と主権の尊重を前提として既存の同盟関係とワルシャワ条約機構加盟から生じる義務を守ると言明した。ソ連のゴルバチョフ大統領は九〇年四月にカティン事件における責任を認め、犠牲者のリストをポーランド側に手渡した。まもなくドイツ統一の動きが生じた。ポーランドはソ連軍の駐留継続とワルシャワ条約機構の存続を望んだが、ドイツの脅威がなくなるにつれ、立場を改めた。西独がドイツ人少数民族の権利保護と引き換えに国境条約に同意したのはようやく統一直前の九〇年十一月であった。コメコン(経済相互援助会議)に関してポーランドは当初その存続を望んだが、ソ連が交換可能通貨での取引を要求するに及んで関心が薄れた。コメコンは九一年六月に解散が決定した。ワルシャワ条約機構も同時期に解体を決定し、駐留ソ連軍は九三年九月までに撤退した。中東欧に空白が生じたかのように思われた九一年二月に、ポーランドはチェコスロバキアとハンガリーとの間にヴィシェフラート協力協定を結んだ。この協力体制はチェコスロバキアの崩壊、ＮＡＴＯ加盟、ＥＵ加盟を越えて存続することになる。

ポスト「連帯」からポスト共産主義へ―ワレサの登場と没落

国内政治はなお星雲状態だった。円卓会議の合意に従うと、大統領は広汎な権限を与えられたが、間接選挙で選ばれている間は議院内閣制の大統領だった。日常的な政府業務に関しては首相が最高責任者であった。しかし、これに不服な者がいた。グダンスクのワレサである。ワレサは内閣の就任式に出席せず、八九年十二月には自分に経済改革、行政改革に関する法令発布の特別全権を与えるように要求した。九〇年四月の「連帯」労組大会で議長に再選されたあとは、大統領選挙や議会選挙の繰り上げ実施を要求した。「連帯」市民委員会を勝利に導き、初代非共産党政府を樹立したワレサの功績は大きく、その要求は無視できなかった。ヤルゼルスキは自分の選出の経緯を自覚して大統領としての権限はほとんど行使せず、慎ましい役割に徹していたが、九〇年九月に辞任ではなく、「任期短縮」を申し出た。ワレサははじめ大統領選出について間接選挙でもよいと語っていたが、ここに至って直接選挙を要求した。九月末に国会は憲法を改正して、大統領の選出方法について直接選挙で選び、過半数を得たものが当選、該当者がない場合は上位二者で決選をおこなうと定めた。

九〇年一月に統一労働者党（ＰＺＰＲ―共産党）が解散し、前首相ラコフスキら主流派が社会民主党（ＳｄＲＰ）を結成した。他方で、「連帯」系のＯＫＰは、マゾヴィエツキの率いる民主連合（ＵＤ）などに再編された。大統領選にはワレサのほか、マゾヴィエツキ、民主左翼同盟（SLD）のチモシェヴィチなどが立候補した。SLDはSdRPを中心とする左翼勢力の連合だった。十一月の選挙一次投票はワレサが一位だったが、過半数には達しなかった。ティミンスキというカナダ、ペルー国籍をもち、つい最近帰国したばかりの正体不明の人物がマゾヴィエツキを抜いて二位に躍り出た。十二月の決選投票では、ワレサが「連帯」票その他を結集して圧勝した。

ワレサは自分の就任式に退任するヤルゼルスキの出席を許さず、亡命政府大統領から地位を受け継いだ。ワレサはヤルゼルスキと違って自分の権力を最大限に行使しようとした。これに対して議会はいわゆる「契約国会」だったので、民主的な選挙で選ばれたワレサの権威に対抗できなかった。こうして政治体制は大統領制の方向に大きく傾斜した。

選挙が終わるとマゾヴィエツキは慰留を断って首相を辞任した。大統領は後任として自由民主国民会議（KLD）というバルト地域の企業家層を基盤とした政党のビェレツキを任命した。ビェレツキはほとんど無名の存在で、大統領に強く依存した。新内閣は超党派内閣として旧内閣から八人を引き継ぎ、その経済・外交政策を継承した。しかし、この時期に多くの疑獄事件が続発し、次第に内閣は議会の支持を得るのが難しくなった。内閣は早くも九一年九月に総辞職した。

意欲的な政治家はつぎつぎと大統領から離れていった。ワレサが終始信頼したのはヴァホフスキという、自身が運転手から大統領府国務大臣にまで取りたてた人物であった。そのことがまた多くの人々を遠ざけた。真っ先に離れたのはワレサの大統領当選に尽くしたカチンスキ兄弟であった。「連帯」労組自体においてさえもワレサと対立するグループのクシャクレフスキが議長に選ばれた。

議会は解散前の九一年十月に新しい選挙法を制定した。新法は上院について前回と同じ多数代表制、下院については新しく比例代表制を導入した。下院は全国区と選挙区に分かれ、前者は五%の阻止条項付き拘束名簿式、後者は三七選挙区(定員七〜一七)からなって、阻止条項なしの非拘束名簿式だった。得票=議席換算方式は前者についてサンラグ式(大政党優遇)、後者についてヘア=ニーマイヤー式(小政党優遇)を採用した。

はたして九一年十一月の選挙では一一一政党が乱立し、二九政党が議席を得た。主な政党は得票率順にUD、SLD、国民キリスト教同盟(ZChN)を中心とするカトリック選挙行動(KAW)、中央連合(PC)を中心とする中央市民連合(CPO)、農民党(PSL－ZSLの後身党)、独立ポーランド連盟(KPN)、KLDなどで、極端な小党分立状況となった。ポスト「連帯」系が過半数を超えたが、彼らの間にはすでに越えがたい溝ができていた。他方で思いがけずSLDとPSLという二つのポスト共産主義政党が善戦した。

組閣工作は難行し、ようやく年末に大統領の反対を押し切ってPCなど中道右派のオルシェフスキ内閣が成立した。それは本来少数派内閣であったが、思いがけず連立外のポスト共産主義政党、PSLから支持を得て発足した。しかし、発足後政治基盤を拡大することに失敗し、しかも内輪揉めで毎月のように中心閣僚が辞任した。中道右派政権は当初から浄化政策（共産党時代に秘密警察と協力した者などを調査し、公職から追放する政策）を唱えていたが、九二年六月はじめにマチェレヴィチ内相が大統領周辺の数人および大統領その人が旧秘密警察の協力者だったという爆弾発言をおこなった。大統領はただちにこれを否定し、内閣の罷免を求めた。ＰＳＬを含む国会多数派が動議を支持して内閣は罷免された。

大統領はＰＳＬのパヴラクを後任に指名したが、パヴラクは議会内で支持が得られず組閣を断念する。ＵＤのスホツカがＫＬＤ、ＺＣｈＮその他のポスト「連帯」勢力に呼びかけて多数派を形成することに成功すると、大統領もこれを呑んだ。しかし、スホツカ内閣も基盤が脆かった。というのは、ＰＣが閣外に去り、ＺＣｈＮが閣内野党のような行動をとったからである。ＺＣｈＮは妊娠中絶、学校での宗教教育、外交政策、総民営化政策のようなイデオロギー絡みの争点においてことごとくＵＤ、ＫＬＤと衝突した。首相は大統領とも閣僚の任免権をめぐってしばしば対立した。しかし、ポスト「連帯」政府にとって最大の脅威となったのはほかでもなく「連帯」労組であった。三年続きの「移行」不況のせいで社会経済状態はこのころに最悪となり、各地でストが頻発した。「連帯」労組は九三年五月に公務員給与の引き上げを要求した。スホツカがこれを拒否したとき、「連帯」労組の院内会派は後任を指名せずに政府不信任案をだした。それが一票の僅差で可決されたとき、大統領は建設的不信任の条件が満たされていなかったとしてすかさず議会を解散した。

議会は解散前の四月に新しい選挙法を採択していた。小党分立状態に懲りて下院の選挙法を大政党に有利な方式に変えた。阻止条項は全国区について七％、選挙区について単独で五％、連立で七％とし、さらに選挙区数を五二に増やした（定数三〜六）。得票＝議席換算方式は大政党に最も有利なドント式を採用した。登録に関しては一五以上の下院議席をもつ政党は自動登録、それ以外は選挙区につき三〇〇〇人以上の署名、全国区に立候補するには二六以上の選挙区での登録が必要となった。

久しく新しい憲法の制定が課題に上っていた。円卓会議以来、弥縫的に憲法改正を重ねてきたが、それを整理しなおして、とりあえず暫定憲法、いわゆる「小憲法」を制定した。それは九二年十月に発布された。弱い大統領を求める議会案と強い大統領を求める大統領案の妥協であったが、すでに当時から大統領の要求したいくつかの権限をめぐって争いがあった。

九三年九月の選挙で議会に代表される政党の数は六に減った。得票率で見るとSLD、PSL、UD、勤労連合（UP）、KPN、無党派政府協賛ブロック（BBWR）という順番であった。一位と二位がポスト共産主義系で、議席率では両党合わせて六五％を越えた。

ポスト「連帯」系は勝利を過信してどれも新しい選挙法への適応を怠った。スホツカ内閣を倒した「連帯」労組も、それを利用して議会を解散した大統領も敗北した。ワレサは選挙のためにわざわざBBWRという政党を作り、それが勝利すると見込んで議会を解散したのであった。その略称が両大戦間期にピウスツキが設立した政府与党と同じであったのは偶然でない。しかし、BBWRは与党どころか最小の政党としてかろうじて議席を確保できたにすぎない。「連帯」労組がBBWRを支持せず、独自候補をたてたとき、ワレサは「もはや自分の『連帯』ではない」と言ったといわれる。その「連帯」労組も、ZChN、PC、KLDも議席がとれなかった。スホツカ内閣を支えたUDも票を失った。とはいえ、ポスト「連帯」系は選挙法の変化や選挙戦術のまずさで敗れたというよりも、大きな左傾化トレンドに押し流されたのであった。ポスト「連帯」系においてさえもUPのような、UDのさらに左翼に位置する政党が進出した。UPはたんに世俗主義的であるだけでなく民営化にも反対で、西欧の社会民主主義に近かった。

不本意ではあったが、大統領も組閣の任をポスト共産党系に託さざるをえなかった。フランス語で「同棲内閣」と呼ばれる、準大統領制の国でしばしば起きるねじれ政権現象が起きた。ポーランドのような、これから正式憲法を制定しようとする国で、弱い大統領を主張する政党が政権をとったことの意味は小さくない。

ポスト共産党系はポスト「連帯」系と比べて党内規律が比較的よくとれていた。とくにSLDは第一党であり、人材も政策経験も豊富であったが、旧共産党の後継政党としてしばらく低姿勢に徹した。首相の地位は弱冠三三歳のPSL党首パヴラクに譲って自らは経済系の閣僚ポストに甘んじた。新政府はこれにUPが閣外協力するというかたちをとった。

SLDとPSLの関係はけっしてよくなかった。工業(都市)志向と農業(農村)志向、国際統合に積極的と消極的、世俗主義とカトリック教会への帰依という具合に方向性がまるで違っていた。SLDはむしろポスト「連帯」系のUD(九四年四月以降KLDと合同して「自由連合(UW)」)に、またPSLは同じくポスト「連帯」系のZChNに近かったが、出自が違うために連立できなかった。両政党は連立を組むにあたって政策や人事について詳細な連立協定を取り決めた。しかし、その解釈をめぐってたえず争いが生じた。加えて大統領がなにかにつけて介入したので、実際には三つ巴の争いとなった。たとえば、大統領は憲法の解釈に基づいて外務・国防・内務のポストは大統領に任命権があると主張したり、憲法に規定のない財務相やラジオテレビ全国評議会議長のような人事にも介入したりした。予算案への署名を拒否して予算不成立を理由に議会を解散しようとした。

政策については一般に改革の鈍化が特徴となった。民営化のスピードダウンとともに、不採算部門の維持、独占排除の停滞が目立った。外交政策については迅速なNATO、EUへの加盟を掲げた。実際に九四年二月にNATO加盟の予備段階となった「平和のためのパートナーシップ(PfP)」協定に参加し、同月にEUの準加盟国となり、同四月にEUへの正式加盟を申請した。しかし、PSLは国際競争力のない自国農業への打撃を懸念して原則賛成、各論反対の姿勢を崩さなかった。

PSLとSLDの対立点となったのは、バチカンとの政教協約(コンコルダート)、妊娠中絶禁止法であった。前者はSLDの主張で九六年七月に正式憲法制定まで延期となり、後者の緩和は大統領の拒否権で改正見送りとなった。多くの場合対立要因は政策というよりも人事であった。PSLもSL

Dもこの機会を利用してできるだけ多くの自党の人材を中央・地方の行政機構、国営企業、民営化された企業などに送り込もうとした。出現しつつある経済体制がしばしば「政治的資本主義」、「ノメンクラトゥラ資本主義」と批判された所以である。

九四年暮から新聞などでパヴラク首相の汚職や無能力ぶりが広く報道され、大統領と野党からだけでなく連立相手のSLDからも厳しく批判されるようになった。大統領は議会解散をちらつかせたが、連立与党は事前の話し合いで建設的不信任案という異例の形式で政治危機を克服した。すなわち九五年三月に後任としてSLDのオレクスィを指名してパヴラクを退任させたのである。後任のオレクスィ内閣も前任と同じくSLDとPSLの連立であったが、SLDの立場が前面に出ることになった。UPの一部は以後閣外協力を停止した。

ねじれ政権期には経済が活況を呈した。成長率は九四年に五・二%、九五年に七%を記録した。実質所得もそれぞれ〇・五%、三%上昇した。失業率は九四〜九五年に一六%から一四・九%へとはじめて減少カーブを示した。インフレが収まってきたので九五年一月に一万分の一のデノミが実施された。九四年九月に対外債務が五〇%棒引きされ、通貨への信頼が高まって外資がどっと流入しはじめた。社会的緊張は目に見えて緩和した。ストの発生件数は九三年に七四四三を記録したのち、九四年に四二九，九五年に四二へと低下した。この間経済政策に責任を負ったのはSLDのコウォトコ財政相であったが、経済の好調はその政策のおかげというよりも、むしろようやくこの時期に体制転換の成果が現れた結果であった。成果を享受できたのは皮肉なことにポスト「連帯」政権というよりもポスト共産主義政権であった。

憲法制定から体制危機へ―クファシニェフスキの苦しみ

大統領選挙でポスト共産主義候補はポスト「連帯」候補に対して今一度勝利、それも二回にわたり地滑り的勝利を収めた。このポスト共産主義の時期に「第三共和国」の正式憲法が制定された。それはまた皮肉なことにポーランドが経済的にも軍事的にも西側に統合されようとする時期であった。円卓会議と言い、憲法の制定と言い、西側への経済的、軍事的統合と言い、ポーランドの転換は多分に共産党の遺産であった。しかし、にもかかわらずポスト共産主義政府自体は長続きせず、次の新しい政権交代パターンへと引き継がれてゆく。

九五年十一月の大統領選にはクファシニェフスキ(SLD)、ワレサ(BBWR)、クーロン(UW)、オルシェフスキ(ポーランド再建運動ROP)などが立候補した。必ずしも下馬評の高くなかったワレサが二位に食い込んだので、決選投票ではその他の「連帯」票を集めて再選されるかと思われたが、二度にわたるテレビ討論でクファシニェフスキがワレサを圧倒し、勝利した。クファシニェフスキは共産党時代の二つの内閣で大臣、円卓会議で与党連立側代表の一人、変動後共産党の後身政党、SdRP党首をそれぞれ務めるという、文字通り旧体制側を代表する人物であった。

退任するワレサ大統領はなお政治的執着をみせた。一つは国有財産の利用の仕方についての国民投票実施、もう一つはオレクスィ首相が共産党政権時代にソ連のスパイであったという告発である。国民投票はおこなわれたが、投票率が低すぎて成立しなかった。首相は検察庁が捜査を開始すると辞任せざるをえなかった。大統領はそれを受け入れ、後任に同じＳＬＤのチモシェヴィチを指名した。のちになって告発は根拠がないことが判明したが、後の祭りであった。新内閣は旧内閣と同じＳＬＤとＰＳＬの連立であった。首相は大統領に妨げられることなく手腕を振るうことができると思われたが、実際にはＰＳＬとのたえざる軋轢に悩まされ、しばしば行動不能に陥った。そうしたなかで九六年末から憲法制定と中央行政改革において多少の成果をあげた。政府がなにもしなくても経済は相変わらず好調であった。高い成長率が続き、失業率は縮小傾向をみせた。実質所得と消費水準が上向きとなり、国民の間にはじめて多少の楽観主義が生まれた。

クファシニェフスキは九三〜九五年に国民会議(上下両院合同会議)の憲法委員会議長として憲法草案を準備し、大統領に対する首相の権限を強めた草案を準備した。大統領に就任したあと、その精神に即して行動し、大統領権限の行使に慎重であった。政治体制は再び議院内閣制の方向に傾斜しはじめた。暫定憲法は国民投票ではなく国民会議(上下両院合同)での憲法採択を見込んでいた。九七年四月に憲法草案が国民会議に上程され、採択された。なお、議会外にとどまった諸派は「社会案」を作成し、議会案と一緒に国民投票にかけることを要求した。議会側はこれに譲歩して国民投票を実施したが、かけたのは議会案だけだった。しかし、投票率が過半数に達しなかったので、国民会議採択案が正式憲法となった。

九七年六月に新しい政党法が制定され、議席率に応じて政党助成金が設けられた。九七年九月の議会選挙は前回と同じ選挙法に基づいておこなわれた。ポスト「連帯」系諸政党は前回の失敗に懲りて、大同団結し、「連帯」選挙行動(AWS)を結成した。保守農民党(SKL)、ZChN、PCなどの中道右派はこれに応じたが、UWとROPは独自候補をたてた。阻止条項を突破したのはAWS、SLD、UW、PSL、ROPの五つの集団であった。

連立与党は好景気にもかかわらず敗北を喫した。しかし、AWSとSLDの二党が議席の八〇%近くを占め、再び二大政党制が出現するかにみえた。AWSはUWと連立を組み、ブゼク内閣が成立した。この国の有権者は政治への関心が強くなかったが、投票すると現政権を罰する傾向を示した。二回の政権交替が民主主義のテストといわれるが、ポーランドは体制転換後八年目で早くもこのテストに合格した。

ここで再びねじれ政権の現象が生じた。今度は方向が逆で、大統領がポスト共産主義系、首相がポスト「連帯」系であった。ブゼクはオポレ工科大学の教員で、ポーランドでは珍しいプロテスタントであった。その基盤をなすAWSはさまざまな政党の寄合所帯で、当初から政権運営が難行した。連立相手であるUWとの対立もあった。つぎつぎと諸党派が脱落してゆくなかで、四年間少数派内閣として踏みとどまることができたのは、どの党派も後任を指名して不信任案を上程することができなかったからであった。

ブゼク政権の業績の一つは浄化体制であった。最初のポスト「連帯」政権を担ったのはその左翼(UD、UW、UP)であった。彼らは、浄化は過去を現在の政争の道具として利用するものとみたのであまり関心をもたなかった。次のポスト共産主義政権が浄化に関心をもたなかったのは自然であった。浄化法制はポスト「連帯」系右翼(AWS)の政権によってはじめて導入された。九八年六月に浄化法、九九年三月に国民記憶院(IPN)法が成立した。乱用が起きないように手の込んだ仕組がつくられた。たとえば、「浄化訴訟」においては「公益弁務官」という時限的な一人制機関が公共の利益を代表した。国民記憶院は「ポーランド国民に対する犯罪を追求」する捜査権限をもった学術機関であった。こうした複雑な仕組にもかかわらず不祥事は跡を絶たなかった。九九年八月から「連帯」左翼には「浄化」という考え方そのものを批判する主張が現れた。

ブゼク内閣は脆弱な基盤にも拘わらず四つの大きな改革を手がけた。まず、九九年一月に地方行政改革を実施した。ギェレク時代に創設された四九の県は欧州統合時代には小さすぎ、一六の県に再編された。また県と基礎自治体の間に再び郡という単位が設けられた。地方行政改革は共産党時代やポスト共産党期に根を張った地方エリートを追放するという目的もあった。次に社会保障改革では年金基金の選択制、第三に保健改革では疾病保険金庫制を導入した。しかし加入者データの移転がうまくゆかず、大混乱が生じた。最後に学校改革は約一〇〇〇の小さな学校の整理統合を予定して、多くの教員の不安を呼び起こした。

ちょうどこのころ東南アジアやロシアの通貨危機のあおりを受けて経済成長が鈍化したため、九八年半ばから九九年初にかけて激しい抗議行動が起きた。AWS内で最大グループをなしたのは「連帯」労組であったが、九九年七月にグループ出身の副首相兼内相が浄化法違反の疑いで失脚してからその勢力に翳りがみえはじめた。これに対して個人農「連帯」の活動家、UWから分かれたハルやロキタらの知識人を中心とするSKLは多くの周辺グループを吸収して次第に勢力を増大させた。AWSとUWとの関係は緊張し、ついに二〇〇〇年五月にUWが連立を離脱した。ブゼク内閣は少数派内閣に転落し、そのときどきの必要に応じて他の政党の閣外協力を求めた。連立解消時の内閣改造で法相となったカチンスキ弟(レフ)、国防相となったコモロフスキがのちの政界で大きな役割を演じることとなる。

二〇〇〇年十月の大統領選挙にはクファシニェフスキ(SLD系無所属)、オレホフスキ(UW系無所属)、クシャクレフスキ(「連帯」労組系無所属)などが立候補したが、クファシニェフスキが一回で当選を決めた。二位となったオレホフスキは共産党時代に財務官僚、オルシェフスキ内閣で短期の蔵相、ワレサの推薦でスホツカ内閣の外相、BBWR党首などを務めた人物であった。その票田を「活用」するという目的で、UWの指導権争いでゲレメクに敗れたトゥスクと、AWSの指導権争いでクシャクレフスキに敗れたプワジンスキが協力して、〇一年一月に「市民綱領(ＰＯ)」という新政党を立ち上げた。この頃からブゼク内閣が漂流しはじめ、その周辺で犯罪集団を巻き込んだ醜聞が多発した。その中でＡＷＳのカチンスキ弟(レフ)法相が犯罪者の厳しい追及を掲げて人気を博し、その人気を背景に〇一年三月に「法と公正(ＰｉＳ)」という新政党を立ち上げた。

〇一年四月に新しい選挙法が採択された。ＳＬＤの進出を恐れる中小勢力の要求で、下院の得票＝議席換算方法がドント式からより中間的な修正サンラグ式となり、全国区が廃止された。阻止条項は単独で五％、政党連合で八％となった。地方行政改革によって県境が引きなおされたが、上院の総定員は従来通り一〇〇とし、選挙区が県や郡を分割して設定されないように定員が二〜四に変更された。

〇一年九月の下院選挙では、ＳＬＤ＝ＵＰ、ＰＯ、「自衛」、ＰｉＳ、ＰＳＬ、ポーランド家族連合(ＬＰＲ)という六勢力が阻止条項をクリアした。上院でもＳＬＤ＝ＵＰが圧勝した。前回多数を占めたＡＷＳとＵＷは姿を消し、新人が六〇％以上となった。ポスト「連帯」系の中道勢力としてＰＯとＰｉＳが登場した。ＳＬＤはそれまでＳｄＲＰを中心とする政党連合であったが、〇〇年十二月に単一の政党として出なおし、ポスト「連帯」系のＵＰと連合を組んで、またＵＷからも加勢を得て選挙に臨んだ。新しい換算方式のせいで過半数には及ばなかったものの、かつてない規模の議会勢力として今度こそは安定した政権をつくるだろうと思われた。この他に「自衛」とＬＰＲという二つの急進政党が進出した。「自衛」は解体状態にあった国営農場(ＰＧＲ)に基礎をおいていたが、個人農業に基礎をおくＰＳＬよりも多くの票を獲得した。急進党の活動で議会は野次と怒号が飛び交う場となった。

新政府はＳＬＤのミレルがＰＳＬと連立を組んで組織した。これまでのポスト共産主義政府と異なって、経済成長率が二％台に落ちこみ、失業率が二〇％近くに跳ねあがり、政府が巨額の財政赤字を抱える中での船出であった。しかもＥＵ加盟という大きな課題を目前に控え、それに備えてたくさんの法制を整備しなければならず、また九・一一事件が突発して、ＮＡＴＯのアフガニスタン国際安全支援軍（ＩＳＡＦ）に戦闘部隊を派遣しなければならなかった。やや過剰な自信をもってミレルは所信演説で三ヶ月以内に財政を健全化し、一年以内にＥＵ加盟交渉を終結すると宣言した。しかし、ベルカ財務相は一年で辞任し、後任のコウォトコもほどなく辞任した。財政健全化のために地方議員の数を減らし、自治体首長を公選制にしたところ、多くのポスト「連帯」系の政治家がこれを利用して進出をはかった。カチンスキ弟は〇二年十二月にワルシャワ市長に当選し、それを足場として次の大統領選挙に挑戦することとなる。

ミレルは連立協定を守らないＰＳＬとの連立を解消したが、それによって少数派内閣に転落した。このころ犯罪が増加し、政権中枢を巻き込んだ数々の醜聞事件が発生した。〇三〜〇五年にはＳＬＤ議員が平均して数度犯罪や権力乱用で告発されるという有様であった。大統領も次第にミレル政府に対して距離をおき始めた。ポスト共産党政権は、おそらく過去についての引け目を埋め合わせるために、西側諸国への義務履行を最優先した。アフガニスタンへの軍隊派遣は国民の間で不人気で、世論の支持がわずかに二七％であったが、ＮＡＴＯ加盟を許されたばかりの国としては義務を果たさなければならないと考えた。ポーランドから遠く離れた国に一二〇〇人が派遣され、四〇人が死んだ。〇三年三月のイラク戦争後の安定化作戦にも規模では二位の二五〇〇人が派遣され、二八人が死んだ。国内での支持率は二六％とＥＵ内で最低を記録した。

ミレルはＥＵ加盟についての国民投票でよい結果をえたので、その直後の〇三年六月に下院に信を問うた。かろうじて勝利したものの、次第に事態を掌握できなくなった。ポーランドがＥＵに加盟したとき、その民主主義は安定しているように見えたが、内実はまったく異なっていた。選挙で大勝利した政党が安定政権を形成できず、しかしそれに代わる政党もなく果てしなく混乱が広まってゆく気配があった。〇四年三月にボロフスキの率いるグループがＳＬＤを割って新しい社会民主党（ＳＤＰＬ）を樹立したとき、ミレルは辞任に追い込まれた。はたしてＳＬＤは〇四年六月の最初の欧州議会選挙で五位にとどまった。

大統領は後任に前財務相のベルカを指名した。ベルカは議会の信任がえられずいったん辞任したが、再度大統領に請われたとき、自分の使命を、①貧困撲滅、②ＥＵ資金の最大限活用、③焦眉の保健問題解決、④国有財産管理・民営化政策の整頓、⑤イラクにおけるプレゼンス、の五つに限定し、各院内会派と交渉して信任を獲得した。同様のことを〇四年十月にも、また〇五年五月にも繰り返した。

ベルカ内閣は大統領の信任に基づいた事務内閣、官僚内閣という特異な性格をもっていた。たしかに首相をはじめ主だった閣僚はSLDとUP出身者であったが、一八人の閣僚のうち一一人までが無党派だった。その政策や人事は特定の院内会派との交渉に基づいていなかった。こうした内閣が可能かつ必然であったのは、議会が自己解散を望まず、かつ多数派の形成も不可能だったからである。このため国民の間には新政府への期待がほとんど起こらず、政府は終始悪評であった。しかし、その割には多くの政策課題をこなした。それはちょうどこのころポーランドではじめて政府から独立の、資格試験に基づいた高級官僚制度が機能しはじめたことと関連する。大統領はそれまでと異なって一度も拒否権を行使しなかった。

体制転換下の社会的経済的歪みと国際統合

体制転換は過渡期において多くの歪みを生み、それがさまざまな病理現象や急進主義の温床をなした。社会主義時代には物価や賃金が意図的に低く抑えられていたので、採算を度外視して多くの部門を維持することができたが、市場経済の導入とともにそれらは破産状態に陥り、従業員が解雇された。適応力のある者は企業活動にチャンスを見て、転身を図り、なかには大きな成功を収める者も出てきたが、多くは長い間慣れ親しんだ環境から離れることができず、なぜ自分が突然不要になったのかが理解できなかった。彼らはそうした変化に反発し、抗議し続けることになる。

工業では多くの国営企業が不採算事業であった。たとえば、グダンスク造船所は体制転換後株式会社化されて幾度か再生を試み、外資の導入も試みたが、けっきょく成功しなかった。最盛期に二万人を雇用していた職場は〇八年には二二〇〇人を雇用するだけとなっていた。共産党時代に建設された巨大な製鉄所も多くは採算がとれず、外資に売却されて細々と存在を続けた。たとえば、スターリン主義時代の巨大プロジェクトで、七〇年代に四万人を雇用していたノヴァ・フタは〇七年に三五〇〇人を、ギェレク時代の巨大プロジェクトで、九二年になお二万三〇〇〇人を雇用していたフタ・カトヴィツェは〇六年に四〇〇〇人をそれぞれ雇用していただけである。いずれも八〇年代に「連帯」運動の舞台となった職場であった。

農業では他の社会主義国と異なって労働人口の四分の三が個人農であったが、彼らは農業生産を支えていたにもかかわらず国家補助の対象とはならず安楽死を待つような状態におかれていた。農村は潜在的な失業者のプールであって、市場経済化、欧州への統合を前にして大きな不安を抱えていた。他方で不採算であるにもかかわらず大きな国家補助を受けていた国営農場(PGR)は市場経済化するとほとんど倒産してしまい、各地に累々たる「産業遺跡」を残すこととなった。そこで働いていた膨大な数の人々も失業者となった。

公務員、とくに現業部門は社会主義時代に過剰人員を雇用していた。市場経済下で同じ人員を同じ条件で雇用し続けることは困難であり、雇用条件を下げるか、労働力を吐き出すかという選択を迫られた。

年金生活者あるいはこれから年金生活に入ろうとする人々は、社会の最も弱い部分であり、社会変動のあおりを一番受けやすかった。社会主義国でも形式的には給与の一部を年金基金に積み立てて退職後にそれを受けとるというシステムであったが、企業も基金も国営であり、その国家が事実上破産してしまっては年金の支払者がいない状態となる。この状態を解消するのは容易な課題ではなかった。

体制転換後、貧富の格差が急速に拡大した。貧富の格差を示す尺度としてしばしばジニ係数が用いられる。ポーランドは社会主義時代に二五ぐらいであったのが〇二年に三四となって、ドイツ、オランダ、フランスよりも高くなった。

変動期には人々がまだ旧来の価値観の中で生きているのに、現実はどんどん変わってゆく。マルクス＝レーニン主義のようなイデオロギーに対する信奉はポーランドではすでに七〇年代に失われていたが、社会主義の制度に対する信奉は「連帯」運動にもかかわらず、またカトリック教会の復活にもかかわらず、いやおそらくそれゆえに根強く残った。社会主義においては「機を見るに敏」は徳ではなかった。「仲間を信じて自分の権利を受けとる」のが徳であった。過渡期においては新しいゲームのルールが定着しておらず、闇市のルールがまかりとおる。詐欺や汚職すれすれの行為が蔓延する。旧来のルールを信じた自分は失業の悲哀を味わわなければならないのに、「機を見るに敏」だった連中がどんどん出世してゆくのを見ると、心に隙間が生まれる。大衆迎合主義、民族主義、カトリック原理主義のようなデマゴギーに人々は耳を傾けやすくなる。

九〇年の大統領選挙でティミンスキのような正体不明の人物が約束を振りまいて大衆の支持を集めたが、その支持票がいわゆる再獲得領に多かったのは偶然ではない。これらの地域は伝統的にPZPRへの支持が強かった。人々はかつてPZPRが与えてくれたのと同じような恩恵をティミンスキから期待したのである。

民族主義的な敵意はポーランドでは内ではユダヤ人、外ではドイツ人に向けられることが多い。九一年十二月からリズィクというカトリック教会の神父によってつくられたトルンの民間放送局「マリア放送」が説教番組、政治番組を流しはじめたが、それは「政府の人間はみなユダヤ人だ」というような反ユダヤ主義的なデマに満ちていた。聴取者の多くは農村の年配者だったが、しばしば政局に大きな影響を及ぼした。長年ワレサの個人司祭を務めたヤンコフスキ司祭も、九〇年代の末に現在の政府にはユダヤ人が多すぎると公言して憚からなかった。

マリア放送に対しては世論の反発も大きかった。政府は大いに当惑し、抗議を申し入れた。首座大司教もバチカンも放送局に対して距離をおいた。そうしたバチカンとポスト共産党系のクファシニェフスキ大統領は九八年三月に久しく遅れていた政教協約(コンコルダート)に調印した。〇一年にグロスという歴史家が『隣人』という書を公刊した。それは独ソ戦開始直後にイェドヴァブネという東部の小都市でポーランド人によるユダヤ人殺しがあったことを生々しく描いたもので、それまでユダヤ人殺しはドイツ人の仕業と聞かされていた世論に大きな衝撃を与えた。ポーランドのマスメディアではひとしきり議論が激しく戦わされた。ようやく〇一年七月の六〇周年記念日に現地で記念式典が行われ、クファシニェフスキ大統領が「自分とその犯罪行為に良心の痛みを感じるポーランド人」の名において犠牲者に詫びたことで一区切りがついた。

反ドイツ感情が政治家によって表明されることはあるが、それほど目立っていない。これには「連帯」と戒厳令の時代に多くの西独市民がポーランド人に共感を示したこと、また統一ドイツがポーランドをEU加盟に導くにあたって大きな役割を果たしたことが与《あずか》って力がある。国内のドイツ人少数民族は上下両院に設けられた少数民族枠において代表されているが、ドイツ人組織に投票するドイツ系市民が年々少なくなっている。その議席は九一年に下院七、上院一であったが、〇七年には下院一にまで減少した。

九〇年代末に二つの政治的急進主義の政党が台頭した。「自衛」と「ポーランド家族連合(LPR)」である。その主張にはファシズムに近いものがあったが、いずれも大衆的な基盤を欠いていた。「自衛」はもともと九一年設立の農業労働組合から出発しており、借金地獄に苦しむ農家救済をスローガンに掲げて、レッペルという家父長主義的な指導者のもとで道路封鎖のような過激な抗議行動を展開した。第三共和国全体に対して批判的だった。当初はSLDと行動をともにすることが多かったが、次第に左翼民族主義的な傾向を明らかにした。LPRは戦前のエンデツィヤやカトリック教権主義系の右翼諸政党が〇一年五月に合同して結成された。家族保護を唱え、欧州統合に懐疑的な綱領を掲げた。党首ギェルティフは三代続いた右翼政治家の末裔であった。

九〇年代中葉には中東欧地域に国際的な権力の真空状態が生まれた感があった。ポーランドはヤルタで見捨てられたという思いが強かったが、いまそのヤルタ体制を打破する機会がめぐってきた。ソ連は軍隊を撤退させたばかりではなく、国家そのものがなくなってしまった。しかしながら、他方で西側の機構もまだこの地域には及んできていなかった。たしかに九四年に「平和のためのパートナーシップ」協定とEU準加盟が実現したが、前者はNATO加盟とは別物と思われていたし、後者は形式的にはEUが世界の六九ヶ国と結んでいる連合協定の一つにすぎなかった。エリツィンのロシアはポーランドの友好国となったが、ポーランドが西側の同盟国となることを許すかどうかは分からなかった。ポーランドが西側に接近するたびに盛んに牽制をかけてきた。とくに経済同盟であるEUよりも軍事同盟であるNATOへの警戒心が強かった。

実際問題としてEU加盟は申請によって可能で、複雑な条件を満たさなければ実現しそうになかった。九三年のいわゆるコペンハーゲン基準によれば、加盟を希望する国は政治、経済、法制の三つの要件を満たさなければならなかった。それは膨大な数の制度を移転させ、実際に機能させることを意味した。それには大きな努力と長い時間を必要とした。これに対して、NATO加盟は招待によってのみ可能で、西側諸国がその気になればすぐにも実現できそうであった。ポーランド政府としてはN

ATO加盟を優先させたかった。それはヤルタ体制が崩壊したことを物語るものであり、軍事的な安心感を与えた。その時期は意外に早く訪れた。九七年十一月から急に展望が開けてきて、九九年三月にはチェコ共和国、ハンガリーとともに正式加盟が実現した。

九四年四月にリトアニアと友好善隣条約を結んだが、国境隣接国としては最後であった。リトアニアとの関係は同じEU、NATO加盟国として表面的にコレクトであるが、領土問題が尾を引いている。ベラルーシとの関係は九四年七月に独裁的なルカシェンコ政権が成立すると冷え込んだ。九六年五月にベラルーシを訪問したクシャクレフスキ「連帯」労組議長は逮捕され、強制送還された。ウクライナとの関係は表向きノーマルであるが、戦中戦後の紛争があとを引いて、ときに表面化する。

旧社会主義国の一般市民にとって国際統合が最初に身近に感じられたのは商品や人が国境を越えて自由に動くようになったことであった。全国各地に闇市場が出現し、そこに人々が退蔵していた品々がどっと溢れた。ワルシャワの文化宮殿の周囲は闇市場で一杯となった。ヴィスワ河の対岸の大きな国立サッカー場とその周辺はまるまる闇市場に開放された。国境が事実上通行自由となり、あらゆる国々、とくに旧ソ連諸国から商品を担いだ市民あるいは闇商人がやってきた。ポーランド商品もまた同じルートで「輸出」された。豊かで、自由な生活を願う人々の欲求は抑えがたかった。イラクのクルド人やルーマニアのロマ人がいくつもの国境を越えてポーランドにやってくるということも珍しいことではなかったが、一番多かったのはなんといってもリトアニア、ベラルーシ、ウクライナなど旧ポーランド共和国を構成していた諸地域からである。それはこれら諸民族の歴史的な絆を温める機会ともなった。〇七年にシェンゲン協定に加入したときポーランドに求められたのは東方のシェンゲン国境の管理体制であった。

他方でポーランド人自身が大量に出稼ぎに行くようになった。それはすでに八〇年代から目立ってきたが、体制転換後、とくにEU加盟後急加速した。統計がないので正確には把捉できないが、二〇一一年の時点で一〇人に一人が外国に出稼ぎに行ったことがあると答えていることから、約三三〇万人と推定される。一番多いのはドイツであるが、イギリス、オランダ、ノルウェイ、米国、イタリア、フランスがこれに次ぐ。

ポーランド人は西欧への統合に必ずしも無条件で賛成ではなかった。NATO加盟は主としてエリートの決断であって、一般市民の意思は問われなかった。エリートの中にも少数ながら声高に反対した勢力があった。それはけっしてポスト共産主義系ではなく、AWSの一部、LPR、「自衛」のような民族主義的な政治勢力であった。加盟直後にコソボ紛争、アフガニスタン作戦、イラク戦争への派兵を求められたが、ポーランド人の反応は複雑であった。

EU加盟には長い時間をかけて世論工作や法制準備がおこなわれた。その最後を飾るものとして〇三年六月に国民投票がおこなわれた。投票率は五八・九%で、賛成七七・五%、反対二二・六%であった。それまでに行われた国民投票の中で唯一有効だったものである。政党の中で反対に回ったのは

LPRと「自衛」であった。地域的には東部で反対が多かったが、全体として反対票が過半数を超えた県はなかった。

新しい対立軸の出現—PO対PiSの政治

これまでは主としてポスト「連帯」対ポスト共産党が大きな対立軸であった。前者は過去において自分たちが正しかったのだから従えという立場、後者は過去の自分たちに落ち度があったことは認めつつ政治に経験のある自分たちに任せろという立場から統治しようとした。しかし、〇五年辺りを境としてリベラルと保守のあいだの対立軸が前面に出てきた。系譜からいえば両方ともポスト「連帯」系であるが、このころにエリートの世代交替が生じて、過去にどういう立場をとったかということよりも、むしろ未来について、世界についてどういう立場をとるかが大切だと考えるようになった。一方は国際主義、個人主義、社会市場主義、欧州開放主義の立場をとり、他方は社会的・民族的保守主義、連帯主義、介入主義、キリスト教民主主義、欧州懐疑主義に傾いた。

その違いは外交政策、社会政策、経済政策などによく表れた。EU加盟、NATO加盟はすでに過去の事実であった。早くも多くの制度が国内に移転されていた。それについて異論はなかったが、それをどう実現するか、機能させるかをめぐって新しい争いが発展した。それはまた外の世界との関わり方にもはね返った。

ポーランドは〇三〜〇八年にGDP成長率が毎年三・七〜六・八%という好景気を体験し、失業率が〇八年に七・一%にまで下落した。国際的にも好景気であったが、ポーランドに関していえば資本と労働の移動が大きく自由化されたことの効果が大きかった。外資がどっと国内に流入し、新しい職場を創り出した。年間の外国直接投資は九八年まで五〇億ドル止まりであったが、次第に増加し、〇四年に一一八億ドル、〇七年に一八〇億ドルを記録した。他方でポーランド人はEU市民として加盟国のどこででも合法的に職を求めることができるようになった。〇四年から一一年までの七年間に二四〇万人が出稼ぎに出国した。それは主として若い人々であったので、長期の外国滞在が一つの世代的体験となった。

国際統合について当初悲観的であったのは農業関係者である。ポーランド農業は後進的で、国際競争力を欠いていた。しかし、ポーランドの農業問題はまずもって潜在的な失業問題だった。これが経済発展によって次第に緩和されていった。もう一つは近代化のための投資問題だった。社会主義時代には農業生産の主たる担い手であった個人農にほとんど投資がなされなかったが、EUに加盟するとポーランドの歴史において前例を見ない巨額の補助金(〇四〜一六年に二四七億ユーロ)が農家などに直接支払われた。それを実体験すると、ポーランドの農業関係者はほとんど例外なく熱心な統合論者に変身した。補助金が一部無駄遣いされ、消費に向かったとしても、ポーランド農業はすでに市場競争に晒されており、否応なしにそれへの適応を迫られた。

〇四年から四年連続して選挙がおこなわれた。とくに〇五年は議会選挙と大統領選挙が重なる年となった。同時実施はせずに、まず議会選挙、次に大統領選挙を実施した。議会選挙に関して〇二年五月の選挙法改正でドント式が復活し、次第に選挙結果に効果を顕した。〇五年九月の下院選挙で阻止条項を突破できたのは、PiS、PO、「自衛」、SLD、LPR、PSLの六党であった。投票率はこれまでで最低の四〇・六%であった。上院ではPiSが議席の半数を確保したが、前回圧勝したSLDは一議席もとれなかった。意外だったのは旧UWにベルカ前首相、ハウスネル前副首相などが協力して作った民主党(PD)も、SLDから分かれた社会民主党(SDPL)もまったく議席をとれなかったことである。選挙での選択肢はもはやポスト「連帯」かポスト共産党かではなく、民族保守(PiS)か中道リベラル(PO)かであった。

それをより鮮明に示したのが翌月の大統領選挙である。一次投票で票をとったのはトゥスク(PO)、カチンスキ弟(PiS)、レッペル(「自衛」)、ボロフスキ(SDPL)などであった。チモシェヴィチ(SLD)は途中で立候補を断念し、その票がボロフスキ、トゥスクに流れた。決選投票は激烈な選挙戦となった。スローガン的には「リベラルなポーランド」(PO)と「連帯的なポーランド」(PiS)との対決であった。前者は第三共和国の延長線上にポーランドの将来を見たのに対し、後者は第三共和国に否定的で、「第四共和国」という新たな国家変革を意味するような標語を掲げた。前者は高学歴層、大都市、再獲得領で、また後者は低学歴層、農村、東方県で多くの票を集めた。ボロフスキ票は前者に、また「自衛」票、LPR票は後者にそれぞれ流れた。けっきょく後者が前者を圧倒した。

　PiSとPOの支持者はほぼ四〇％重複していたが、大統領選挙が激烈な対立を生んだので、連立を組むことは困難であった。SLDと組むことはどの政治勢力も忌避した。退任するクファシニェフスキ大統領は第一党PiSの党首カチンスキ兄（ヤロスワフ）を首班に指名しようとしたが、カチンスキ兄がこれを固辞し、無名の政治家マルチンキェヴィチを推した。こうして成立したマルチンキェヴィチ内閣はPiSだけの少数派内閣として出発し、閣外の「自衛」、LPR、PSLによって支えられた。その基礎はきわめて不安定であったので、一本釣りによってPOの政治家を内閣に取り込もうとした。それがまたPOの反感を買い、同時に与党内での軋轢を生んだ。〇六年一月に与党間で政策についての「安定化協定」が結ばれたが、二ヶ月後に破棄された。ようやく五月に正式の連立協定が結ばれ、「自衛」党首レッペルとLPR党首ギェルティフをそれぞれ副首相とする新政府が発足したけれども、早くも七月はじめに総辞職をよぎなくされた。次にカチンスキ兄が政府を組織したが、内輪揉めが絶えなかった。新首相は早くも九月にレッペル副首相を「喧嘩好き」呼ばわりして政府が崩壊しかかった。その後も重要閣僚を罷免するなど、首相自身が「喧嘩好き」であることを示した。「汚職取締中央局（CBA）」という大きな権限をもつ政府機関を設置して、被疑者の追及を派手におこなった。〇七年四月にSLDの元大臣が取調中に自殺したり、〇七年十月におとり捜査でPOの議員が現行犯逮捕されるなどということが起きた。決定的だったのはレッペル副首相が女性秘書に対する暴行と不正な農地取引容疑で告発されたことである。議会は九月に自己解散を決議した。〇七年十月に行われた下院選挙では、ＰＯ、ＰｉＳ、左翼と民主主義者（ＬｉＤ）、ＰＳＬの四党が阻止条項を突破した。与党ＰｉＳは、九七年と〇五年のＳＬＤと同じように、経済が好調のなかで敗れた。上院でもＰＯが議席の半分をとった。二つの急進政党、「自衛」とＬＰＲは下院からも上院からも姿を消した。ＬｉＤはＳＬＤとＵＤの選挙連合であった。この党もＰＳＬも上院ではまったく議席をとることができなかった。農業利益を代表する政党は当面ＰＳＬだけとなり、全体としてその比重が小さくなった。

議会選挙は二年前の大統領選挙の結果を覆してしまった。ＰＯのトゥスクはＰＳＬと連立を組んで新政府を形成した。ここで再びねじれ政権現象が生じた。しかし、今回は議院内閣制が固まっており、議会における政権の基礎もしっかりとしていたので、カチンスキ弟大統領はかつてのワレサ大統領のようには容易に異議を挟むことができなかった。しかしそれでも、大統領はトゥスク首相の就任式を欠席したり、その法案にたいして一七回も拒否権を行使したりした。

大統領が多くの話題を提供したのは主として外交面だった。反露姿勢と反独姿勢が目立った。親米姿勢も顕著であった。米国政府は〇七年二月にポーランドとチェコにミサイル防衛（ＭＤ）システムを配備するという提案をおこなった。それはＮＡＴＯの計画ではなく、米国とその同盟国のあいだだけの取り決めであった。政府は世論の五六％の反対を押し切って〇八年八月に調印もおこなったが、ちょうどこのころ米大統領がブッシュからオバマに替わり、新政権は〇九年九月に計画の中止を発表した。カチンスキ弟大統領は米国の対露宥和政策の犠牲になったと怒った。

トゥスク首相はもちろん親米だったが、それ以上に親欧だった。首相の党は欧州政治において主流をなす欧州人民党（EPP）に属した。首相は当初ユーロ導入に前向きで、一一年にも導入する予定であったが、種々の事情で沙汰止みとなった。首相はネオリベラリズムを象徴する一律所得税（フラット・タックス）導入に積極的であった。その案はSLDのミレルが〇三年六月に最初に提案したが、PiSの激しい批判を浴びて次第に標語から外してゆくかに見えたにもかかわらず、〇九年から事実上義務的とした。トゥスク政権は〇八〜〇九年のリーマン・ショック、一〇年以後のユーロ危機の影響を受けたが、一度もマイナス成長に陥ることなく二つの危機を乗り切った。旧社会主義国の中ではいうまでもなく、西欧諸国を含めても最も長期の経済的繁栄を謳歌した。税収の伸びとEUからの多額の補助金のおかげで、財政赤字を大きくすることなく、道路、鉄道、橋梁などインフラストラクチャーを整備することができた。このころからときに「ポーランド経済の奇跡」という言葉が囁かれるようになった。

二〇一〇年は大統領選の年であったが、トゥスク首相は一月に大統領選に出馬しないと表明した。当時政界の最高実力者と見なされた人物が意識的に大統領の地位よりも首相の地位を選んだということは、ポーランドが再び大統領制から議院内閣制に傾いたことを示している。POはコモロフスキを大統領候補に指名した。これに対してPiSは三月の大会で現職のカチンスキ弟の立候補を支持した。

こうした中で二月にロシアのプーチン首相がカティン事件の記念式典を四月に現地で実施すると発表し、トゥスク首相を招待した。招待されなかったカチンスキ弟大統領は、その三日後に同じカティンでポーランド単独の記念式典を開催しようとした。政府専用機で夫人のみならず、数十名の政府要人を帯同して現地に赴いたが、飛行機はスモレンスクで着陸に失敗し、九六名全員が死亡した。ロシアとポーランドが別々におこなった調査によれば、原因は管制官から警告があったにもかかわらず、濃霧を衝いて着陸を強行したことにあった。

憲法の規定にしたがって、下院議長コモロフスキが即日大統領代行に就任した。大統領選挙は予定されていたものより四ヶ月繰り上げて六月に実施された。PiSは前首相カチンスキ兄を候補に立てた。一次投票ではコモロフスキ、カチンスキ兄、ナピェラルスキ(SLD)などが残り、決選投票ではコモロフスキがカチンスキ兄を破った。再び自由主義的＝ヨーロッパ的＝物質主義的な西のポーランドと、民族的＝カトリック的＝愛国主義的な東のポーランドとの対決となったが、今回は前者が勝利した。

コモロフスキ大統領は高校時代から反体制運動に参加し、何度も投獄を体験したが、体制転換後はブゼク内閣の国防相を務めた。大統領にこのような人物が就いたことによって大統領と首相の間の緊張関係がなくなった。また対露、対独関係の緊張もなくなった。しかし、選挙に敗れたカチンスキ兄はスモレンスク事件をロシア＝ポーランドの共謀と見なし、与野党の緊張が続いた。

一〇年十二月の選挙法改正で、上院の中選挙区多数代表制が小選挙区多数代表制にあらためられた。一一年十月の下院選挙ではPO、PiS、パリコット運動（RP）、PSL、SLDの五党が阻止条項を突破した。POはやや得票率を落としたが、上院では議席の三分の二近くをとる圧勝であった。RPはパリコットというPOを離党した議員が起こした運動で、近代国家、世俗主義をスローガンに掲げ、ハプニング中心の選挙運動を展開した。候補者のほとんどは零細企業家で、小都市、農村で多くの票を集めた。

これまで二回連続して勝利したことのなかったポスト「連帯」系政党がはじめて勝利した。また、「自衛」やLPRのような過去を引きずった急進派に代わって、RPのような地方の若者中心の親西欧的な急進派が進出した。一般に楽観主義と生活への満足が増大し、大多数の国民が政治システムを受け入れたように見える。首班は再びトゥスクに委ねられ、POとPSLの連立政府が樹立された。それまでとは打って変わって安定した政権運営がおこなわれた。ただ、一四年九月にトゥスク首相がEU理事会議長（大統領）に選出された関係で辞任し、それまで保健相や下院議長を歴任してきたコパチ（女性）が後任となったことが不安材料だった。

経済成長にはその後も翳りがなかった。一二年にはウクライナとともにサッカーの欧州選手権の共同主催国となり、ポーランドの繁栄ぶりが実況放送を通じて全ヨーロッパに印象づけられた。ポーランドは経済発展によってエネルギー消費が増大したにもかかわらず、主たるエネルギー源として国産の石炭に頼ったため大気汚染に悩まされるようになった。一六年にはＥＵの五〇の最も汚染された都市のうち三三までがポーランドと報告されたほどであった。

豊かさとともに貧富の差も拡大したが、社会的弱者を組織する政治運動が遅れた。「連帯」運動の伝統にもかかわらず、労働運動が未発達に留まった。一二年に「連帯」労組の組織率は五％、旧共産党系の全ポーランド労働組合連合（ＯＰＺＺ）の組織率は三％に留まった。一〇年には貧困層が人口の一七％を占め、隣国チェコの九％と比べて高かった。第二次トゥスク内閣は年金改革を掲げ、支給年齢を男性は六五歳から六七歳へ、女性は六〇歳から同じ六七歳へと引き上げることを骨子としたもので、年金水準そのものの引き上げは将来の課題とされた。

「法の支配」と欧州統合の危機―ＰｉＳ政府

二〇一五年は大統領選と議会選の年であった。従来通りＰＯとＰｉＳの対決になると予想された。ＰＯは楽観的だった。経済は好調であり、ＰＯの前首相がＥＵ大統領に選ばれるなど国際関係も順調だった。選挙に臨んでとくに綱領らしいものを準備しなかった。これに対してＰｉＳは飛行機事故で大勢の幹部を失い、選挙でも敗北して追い詰められていた。党首カチンスキ兄はあらゆる機会を掴んで勢力回復を図った。弟の命日に目抜き通りで「月例行進」をおこない、国民の同情を集めた。『マリア放送』のリズィク神父の協力を得て農村浸透に努めた。それまでPSLの独断場だった農村に都会の政党としてははじめて足を踏み入れた。選挙前に詳細な綱領を発表し、社会(「団体的」結合)よりも国家(「階統的」秩序)、弱者の保護、国際関係における「主体性」の三点を強調した。弱者の保護に関しては、二人目以上の子供をもつ家庭に一人毎月五〇〇ズロチ(約一万五〇〇〇円)の手当支給、年金支給年齢の留め置き(男性六五歳、女性六〇歳)などアピールしやすい公約を発表した。

大統領選の与党候補は現職のコモロフスキであった。PiSは飛行機事故で多くの幹部を失って候補者難に悩まされた。しかし、カチンスキ兄はむしろそれを奇貨として、より若い世代にチャンスを与えた。体制転換からすでに二六年経ち、有権者は世代替わりをしていた。彼らは共産党時代の対立関係を越えた新しいリーダーを求めていた。カチンスキ兄は弱冠四二歳の欧州議会議員ドゥダに白羽の矢を立てた。ヤギェウォ大法学部教授で、法務次官、大統領府次官の経験の持ち主であった。

支持率調査ではコモロフスキが圧倒的に優勢であったが、選挙が近づくにつれてその差が接近した。一次投票ではコモロフスキが若干上まわったが、決戦投票で逆転した。PiSが一次投票で保守的な若者を中心に二割強の票を集めたロック歌手クキスと提携したことが決め手となった。支持票の地域的分布を見ると、コモロフスキは北部と西部(旧ドイツ領)、ドゥダは東部と南部(主として旧ロシア領、オーストリア領)で優勢であったが、大都市ではコモロフスキ、農村、小都市ではドゥダが優勢であった。

カチンスキ兄は博物館の学芸員上がりでほとんど無名だった国会議員シドゥォに大統領選挙と議会選挙の準備をさせた。十月の議会選挙ではPiS、PO、「クキス一五」、新時代、PSLの五党が阻止条項をクリアした。ドント方式で得票率三七・八％のPiSが五一・四％の議席を占め、体制転換後はじめて議席で単独過半数を超える与党となった。これに寄与した一つの事情があった。それは左翼がまったく姿を消したことである。統一左翼は五党連立であったため、八％の阻止条項をクリアできなかった。PiSは小選挙区制の上院でも過半数の議席を制した。

こうしてドゥダ大統領、シドゥォ首相の体制が出現したが、両者をほとんど無名人の存在から引き上げたのは党首カチンスキ兄であった。彼自身は一下院議員としてとどまったが、その影響力は絶大であり、旧社会主義国における共産党書記長にも比すべき地位を獲得した。PiS政府は財政に負担をかけながらも事前に約束した新たな子供手当、年金支給年齢留め置きなどの社会政策を忠実に実行し、大いに人気を集めた。

カチンスキ兄は党の共同創立者であり、大統領であった弟が悲劇的な最後を遂げたことによってそのカリスマを引き継いだ。その際に、弟がスモレンスクで死んだのはロシアのプーチンの陰謀によるものであり、トゥスクはその共同正犯であるという説を唱えた。PiS政権下で再び調査委員会が設置され、その説を裏づけるために大きな努力がおこなわれたが、けっきょく証拠は出てこなかった。しかし、カチンスキ兄は頑として自説を引っ込めなかった。国政の最高実力者がこのような姿勢をとったことは、内政的にも外交的にも大きく緊張を高めざるをえなかった。

　カチンスキ兄はもっぱら党務に専念し、ノヴォグロツカ通りの党本部で仕事をした。ここで国政のほとんどの重要事項が決定された。のちに政府の地位がないと不都合が生じることに気づき、副首相の地位に就いたが、基本的に便宜上の地位であった。大統領、首相のような地位は年下の追随者に与えて、その忠誠心を固めようとした。責任よりも権力を愛する人物であった。

　ＰｉＳは統一的というよりも雑多な派閥の集合体であった。二〇一五年以後「統一右派」として選挙戦を争ったためにその性格がいっそう複雑になった。党は過半数ギリギリか、それを下回る議席しかもたなかったので、小さな集団が離脱しただけで大きな打撃を受けた。たとえば、ジョブロ法相の「連帯的ポーランド」、ＰＯから移ってきたゴヴィン副首相の「ともにポーランド」、過激民族主義的な党外集団「クキス一五」などがあったが、それらを調整できるのは党首だけであった。ＰｉＳは政府立法というよりも議員立法で、ほとんど審議抜きで、素早く可決するという議会運営をおこなった。この結果、かなり粗っぽい法律が続出した。

　二期目のＰｉS政権で最も目立った存在は首相でも大統領でもなく法相であった。ポーランドの法相は検事総長を兼ねた強力な地位であった。両者はＰＯ政権のときに一時分離されたが、ＰｉS政権下で再び統合された。ジョブロ法相は「司法改革」に辣腕を振るった。基本的な理念は国家を組合的、利益団体的にではなく階統的に運営することであった。それは三権分立や司法の独立といった民主主義の基本的理念と衝突し、野党勢力やEU、国際世論から大きな批判を招いた。

PiSは第三共和国の憲法を好まなかったが、憲法改正を発議できるほどの勢力をもたなかったので、違法な手段を用いて事実上の憲法改正を実現しようとした。まず憲法法廷(憲法裁判所)の構成と運営を変えようとした。憲法法廷は憲法解釈の権限を与えられ、その決定は普遍的な拘束力を有して、かつ最終的であった。裁判官は欠員が生じると後任を国会によって選出する仕組みであったが、入れ替えを急いで欠員となっていない裁判官まで入れ替えてしまったため、三名の「重複裁判官」が生じた。法廷の運営法を改正し、それが違憲という判決が出たにもかかわらず官報に載せないという姑息な手段で無効化しているあいだに、新運営法に基づいて一六年十二月にPiS推薦の新長官(プシウェンプスカ)に選んだ。

次に、PiSはラジオテレビ法を改正し、公共放送(テレビ、ラジオ、通信社など)を国営放送、商法会社を国立法人にあらため、その使命を「民族的伝統と愛国的、人道的価値の育成」、「キリスト教的な価値システムの尊重」などとした。国立法人の理事会は競争選抜ではなく国務大臣による直接任命制となった。幹部は総入れ替えとなり、国営テレビは共産党時代と同じ官営放送の観を呈した。ただし、民間の報道機関への介入はなかった。

一七年三月から最高裁(SN)法、全国裁判評議会(KRS)法、通常裁判所(SP)構成法という三つの司法関係法改正をおこなった。狙いは裁判官人事を裁判官の団体自治に任せず、細部に至るまで政府与党が掌握することであった。まず最高裁法改正では、全裁判官をいったん休職させ、残留を希望した者に限って個別に法相が認めるという措置をとった。新しい年金法に基づいて退職年齢を引き下げたので、長官以下三七％が自動的に退職させられることとなった。最高裁法はまた最高裁内に「懲戒院」という裁判所を設けて規律に服さない裁判官を罰する新しい制度を定めた。全国裁判評議会は一九八九年の円卓会議で設置された裁判官の独立性を守るための憲法機関で、裁判官の任命、現職裁判官に対する苦情の処理を主たる任務としていた。構成は二五人のメンバーのうち五分の三が司法団体によって指名されていたが、改正後はそれが国会によってのみ指名されることとなった。通常裁の所長・副所長人事は従来全国裁判評議会の意見を聴取した上で決定されていたが、改正後はすべて法相の任命となった。

三法が施行されると、EU司法裁の介入があった現職の最高裁裁判官を除いて、新法に基づいて全裁判官が入れ替えられることとなった。

一七年十二月に国民記憶院(IPN)法が改正された。国民記憶院は前述のように検察機能を併せもった研究機関で、ナチズム、共産主義、その他平和・人類に対する犯罪を調査することを課題とした。この機関に、「ポーランド民族のよき名」を保護するために、ポーランド人がユダヤ人虐殺に加担したと主張する者や「ウクライナ民族主義者の犯罪」を追及するという新しい課題を担わせる改正案が提案され、スピード可決された。違反者は「国の内外を問わず」最大三年の禁固刑を科されることとなった。

シドゥォ政府が発足したとき、副首相としてモラヴィエツキが登用された。やはりカチンスキ兄の人事であった。父親は戒厳令時代にヴロツワフの「戦う『連帯』」という過激な抵抗運動グループの指導者であった。しかし、息子は経済人として活躍し、西部銀行という大きな銀行の頭取にまで出世した。請われて政界入りしたが、はじめは開発担当の副首相という目立たぬ役割で、一六年九月に財務相、閣僚会議経済委員会委員長兼任となり、一七年十二月にシドゥォに代わって首相に任じられた。おそらく当初から予定された人事であった。

新政府はマチェレヴィチ国防相、ヴァシチコフスキ外相という問題発言のあった閣僚を外して発足したが、ジョブロ法相は留任させた。国内では、新政府発足の時点でＰｉＳがＰＯの三倍の支持率を誇った。

しかし、国外では囂々たる非難が起こった。まず、国民記憶院法改正案はイスラエルと米国から強い抗議があって、早くも半年後の一八年六月に基本的に廃案となった。ウクライナからも抗議があったが、関連条項は残され、ようやく一九年一月に憲法法廷で違憲判決があって停止となった。

国外からの主たる非難はＥＵからきた。このためブリュッセルとの関係が悪化した。この頃「ブレグジット」(イギリスのＥＵ離脱)が話題となったが、次は「ポレグジット」(ポーランドのＥＵ離脱)ではないかと囁かれたほどであった。そうしたことの背景の一つとして、ＰｉＳの内政上の敵であったトゥスクがＰｉＳの反対にもかかわらずＥＵ大統領として二期目も選ばれたことがある。ＰｉＳは欧州政治で保守改革党（ＥＣＲ）に属したが、ＥＣＲの中心政党はイギリスをＥＵ離脱に導いた保守党であったので、ＥＵ内では影が薄かった。ＰｉＳは当面欧州政治で活躍するような人材を欠いていた。

二〇一五年に地中海に一三〇万人の難民が押し寄せてきたとき、ＥＵは理事会の特定多数決で人口とＧＤＰに応じて一定数の受け入れを各国に割り当てた。ポーランドへの割当は七〇〇〇人弱で、ＰＯのコパチ政府は受け入れに同意したが、ＰｉＳのシドウォ政府は頑に拒んだ。ＥＵ司法裁は二〇年四月に割当拒否はＥＵ法違反だと判定したが、その後も両者の主張は平行線をたどった。ＰｉＳ政権が中東難民にたいして冷たいことは二一年六月から年末にかけてベラルーシ経由でシリア、イラクなどからの難民が入り込もうとしたときに再び明らかとなった。しかし、のちにみるようにウクライナからの難民はむしろ歓迎したのである。

ＰｉＳ政府が政権に就いてから相次いでとった「法の支配」侵犯措置は国内で大きな抗議運動を巻き起こしたが、他のＥＵ加盟諸国でも欧州委員会においても深刻な懸念を呼んだ。欧州委員会は一六年四月から「法の支配」の包括的手続きを開始し、一七年七月には「法の支配」侵害を理由としてリスボン条約第七条に定める予防、制裁、除名の措置を順次適用する可能性を示唆した。ＰｉＳ政府はかつての共産党政府がやったように「内政干渉」としてこれを拒否し、欧州委員会の問い合わせを無視した。一八年四月には欧州議会が四二二対一四七でポーランドを「法の支配」侵犯で非難する決議を採択した。

この前後からEU委員会はたんに非難だけではなく、具体的な措置をとりはじめた。それは条約違反、法の支配保護、構造基金削減の諸手続きであった。ポーランドはEU予算の支出を法の支配遵守に依存させることに異議を唱えたが、二二年二月にEU司法裁がそれについて最終判断を示し、異議を退けた。

公務員の年金支給年齢引き下げに合わせて多くの裁判官を強制的に退職させるという法律は、「年金粛清」と呼ばれて抵抗が強かった。とりわけ、最高裁判所の判事については憲法によって任期が定められており、それを強行するのは明らかに憲法違反であった。PiS政府の狙いは多くの信望を集めていたゲルスドルフ最高裁長官の罷免であった。一八年七月に欧州委員会、一九年十月にEU司法裁が正式に任期前退職禁止の判断を下した。その結果、現役の裁判官は任期を全うすることができたが、新しく任官する裁判官は新しい規定に従うことになった。

最高裁法と関連して、もう一つの大きな争点は「懲戒院」であった。EU司法裁は一九年十一月に「懲戒院」は裁判官の独立が保障されていないので裁判所とは認め難いという判決を下し、二〇年四月に「懲戒院」の即時活動停止を命令した。ポーランド政府がこれに従わなかったため、さらに二一年十月に一日一〇〇万ユーロの罰金を課した。

欧州裁判評議会連合会（ENCJ）は一八年九月にポーランドの全国裁判評議会の会員権を停止した。

これはポーランドの司法制度が欧州で一般的に受け入れられている司法制度の範型から外れつつあったことを象徴している。

POの返り咲き

トゥスクがEUに去ったあと、POは指導的人材を欠いた。トゥスクは一七年三月にEU理事会議長に再選されて一九年十一月までその任に留まった。その後欧州人民党党首としてさらに二年近くブリュッセルに留まり、合わせて七年近くも国内政治を空けることになった。一九年五月に欧州議会選挙がおこなわれたとき、POはPSL、SLDなどポスト共産主義諸党と選挙連合「欧州連立」を組んだが、大敗を喫した。それは次の議会選挙の前兆であった。

同年十月下院選挙で阻止条項を突破したのはPiS、「市民連立」(PO中心の選挙連合)、SLD、PSL、「連盟」の五集団であった。「連盟」は「自衛」とLPRに代わって登場した若い世代中心の極右政党であった。POは敗れたが、この選挙で野党の救いとなったのは、小選挙区多数代表制を採用した上院で小党が進出し、四八対五二と野党がわずかに上回ったことである。この結果、しばしば与党が上院の投票で敗北する事態が生じた。もっとも多くの場合、与党は下院での再採決によって切り抜けることができた。

二〇年五月に予定された大統領選挙はコロナ禍で混乱が生じ、投票が流産した。六月に再投票がおこなわれ、一次投票の得票率順位は現職のドゥダ、POのワルシャワ市長トシャスコフスキ、無所属のホウォヴニャとなり、決戦投票でドゥダがトシャスコフスキを二%の僅差で退けた。選挙は六八・二%という久しぶりの高投票率を記録した。注目されたのは大統領選三位のホウォヴニャであった。東部出身のジャーナリストで、キリスト教民主主義的な考えの持ち主であった。POよりもPiSに近かったが、一貫してPiSに批判的な立場をとった。将来の大統領選挙はその支持者を味方につけた者が制する可能性があった。

二二年二月にロシアがウクライナに侵攻し、戦争が勃発したことはポーランドにとって一大事であった。PiS政府の対応は素早かった。それまで国民記憶院法改正案に見られるように、ポーランド、とくにその右翼勢力は反ウクライナ的であったが、PiSはこのとき一転して親ウクライナ的な姿勢に舵を切った。まずウクライナからの難民受け入れのために最大限の努力を講じた。急速に拡大する経済を支えるために、ポーランドはすでに一五年頃からウクライナから約一五〇万の労働移民を受け入れていた。戦争が勃発すると、難民は最大六〇〇万ほどに膨れあがった。その後難民は帰国あるいは第三国への出国によって漸減したが、それでも欧州最大の受け入れ国にとどまった。ポーランドはまたウクライナに対する経済・軍事援助の一大供与国となった。GDP比一%という供与率はバルト三国と並んで米国を抜いて世界最大であった。

それに寄与したのはいうまでもなくポーランドの、とくにPiS政府の反ロ姿勢だろう。PiSはもともとEUというよりもNATO加盟を重視しており、とくに米国の軍事的コミットメントを取りつけることに熱心であった。PiS政権は権威主義的傾向と反欧州委員会という姿勢においてハンガリーのオルバン政権に近かったが、ここで袂を分かつことになる。ハンガリーはウクライナへの軍事援助に反対で、むしろロシアの安全保障利害に配慮するべきだという立場をとった。

しかし、ウクライナとの提携関係に問題がないわけではなかった。ウクライナはロシアの圧迫によって穀物を伝統的な販路であるアジア・アフリカ諸国に輸出するのが困難となった。EUはウクライナの窮状を見て、加盟国の了承を得て、EU市場をウクライナの農産物に開放した。このため、ウクライナの農産物が東欧諸国にどっと流れ込んだ。それが東欧諸国の農民利害と衝突した。二三年四月からポーランドの農民は突然、ウクライナからの農産物輸送を実力で阻止する行動をとりはじめた。政府もウクライナからの農産物輸入を禁止した。これにたいしてウクライナは世界貿易機構に提訴した。他の東欧諸国も続々輸入禁止措置をとるに至った。加えて、二三年十一月からポーランドの輸送業者が国境でウクライナの貨物トラックの通過を実力で阻止し始めた。理由は彼らの営業妨害になるからということである。ここに個別利害の衝突が国家的な対立にまで発展するおそれが出てきた。

このような情勢のなかで二三年十月に議会選挙が行われた。トゥスクは二一年七月に帰国し、十月にPO党首に再選された。PiSは二三年五月に「ロシアの影響調査委員会」法を制定したが、これは特殊にトゥスクを選挙から排除することを狙ったもので、「トゥスク法」と呼ばれた。欧州委員会は早くも翌月にEU法違反として同法を告訴する構えをみせた。しかし、選挙は混乱なくおこなわれた。下院で阻止条項を突破できたのは得票率順でPiS、「市民連合」(PO中心の選挙連合)、「第三の道」(ホウォヴニャの「ポーランド二〇五〇」とPSLの選挙連合)、左翼(各種左翼グループの選挙連合)、連盟の五勢力であった。このうちPO、ポーランド二〇五〇、PSL、左翼党が過半数を獲得したので、最初の議会本会議でホウォヴニャを議長に選出してその力量を示した。ドゥダ大統領は十一月に第一党のPiSに政府形成を委嘱したが、翌月には野党多数派のトゥスクを首班に指名せざるをえなかった。トゥスクがどのような政策を打ち出すかが注目される。

最後に、体制転換以後のポーランドの民主主義のいくつかの特徴を見ることにしよう。ポーランドの政治は有権者が一期ごとに与党を罰する政治であった。一期が二期となることはあったけれども、規則的に政権交替が起きていることが、民主主義の活性化と同時に安定を助けている。それは一つの政治サイクルを作り出し、政治的敗者に復活の希望を与えている。ポーランドが今後もこのサイクルを維持することができるかどうかはたしかでないが、これまでは少なくとも成功の歴史であった。

ポーランドの政治はけっして「連帯」運動が予想させるような大衆主導の政治ではなくて、エリートが先導する政治であった。たしかにたえずいろいろな抗議活動やデモは起きているが、それが国政を長期にわたって左右することはなかった。大衆運動の指導者ワレサはたしかに大統領に選ばれたが、大統領としてのワレサはエリートの一人にすぎず、次の選挙で下野しなければならなかった。一般公衆はむしろ政治の後景に退いている。労組や政党への組織率は高くない。投票率は最近高まっている（二三年一〇月の議会選挙で七四・四％）が、国民投票はEU加盟を除きいずれも不成立に終わっている。

政治エリート間の対立は激しいが、一定の節度をもつ。PiS政権はしばしば政敵に厳しい態度をとったが、理由なしに相手の生命財産を奪うというようなことはなかった。旧共産党のエリートが地位を失うことはあっても、違法行為がなければ罰せられることはなく、政治的にも復権できた。PiSとPOの対立はきわめて激しいが、内戦に至るほどではない。

準大統領制はもともと共産党によってフランスの制度を参考として「連帯」勢力と権力を分有するために工夫されたもので、その後旧ソ連東欧諸国に広く普及した。フランスでは不安定となりがちであるが、ポーランドでは不安定な体制転換期に野心的な政治家を取り込んで、体制安定化に寄与している。ねじれ政権となったときなどに機能不全に陥り、指導者の個性によって大統領制に傾いたり、議院内閣制に傾いたりするが、それで混乱を来すということはない。

当初二九もあった議会に代表される政党は最少時に四にまで減った。二大政党化傾向は多分に政治制度、とくに選挙制度の工夫によっている。しかし、それだけではなく諸政治勢力が歴史、世界観、出身、世代、職業などを越えて協力する用意があるからだろう。準大統領制とうまくマッチしている。政党の数が四以下に減るかどうか、キャスティング・ヴォートを握る第三党が現れるかどうかはなお予見できない。

政治が右に振れたり左に振れたりするが、どちらかに固まることがないということは、おそらく両陣営にコアの支持者がいるとともに、有権者の一部が左右に動くからだと思われる。そのように仮定して歴代の大統領選、議会選を見てみると、一方の陣営は西部と北部に、他方の陣営は東部と南部に集中し、東部でもワルシャワのような大都市では西部とよく似た投票行動をすることがわかる。ワレサとPiSの二人の大統領は相互に激しく対立したがどれも後者に、またクファシニェフスキとPOの大統領候補は前者にそれぞれ地盤をもっている。交互に政権を担当すれば地域的に国家が分裂することはないだろう。近代化が進展すると、だんだん前者が有力となる印象があるが、確実ではない。

ポーランドの例は選挙によっていかに政治が変わるかを示している。大統領、議会、首相、政府がガラッと入れ変わり、同時に政策が変わってしまう。それはポスト「連帯」政権からポスト共産主義政権へ、ポスト共産主義政権からPiS政権へ、PiS政権からPO政権へ、PO政権からPiS政権への転換で見た通りであり、今日再びPiS政権からPO政権への転換を目撃している。一つ一つの政権交替が実験であり、冒険であった。危なっかしいところがあるが、同時に期待でわくわくさせる側面もある。その期待によって政治は飽きやすい国民を繋ぎとめてきた。ここに体制転換と国際環境の激変のなかでよく国民統合を維持し、推進できた秘密の一つがあるのかもしれない。

国内統合とともに国際統合も重要である。体制転換直後は不安定な国際場裡に放り出され、孤立するかにみえた。やがて西側の軍事的、経済的機構に組み込まれ、みずからの安全保障、経済的繁栄を確保するとともに、そうした統合組織において自身も積極的な役割を果たそうとしている。西側に対してあくまでみずからのアイデンティティを維持しようとする衝動もある。ウクライナ危機はそうしたポーランドにとって大きなチャレンジであった。自主独立の親米反露路線で乗り切るか、ウクライナを含めた欧州統合路線を目指すかで目下論争が続いている。

2　リトアニア

サーユディス──独立回復への道

ゴルバチョフのペレストロイカが始まり、一九八七年以後、リトアニアの知識人の活動が顕著になってきた。そのひとつは、リトアニア領域のバルト海沖に油田が発見され、沿岸沖の原油探査施設の建設が計画されたのにたいし、人々が環境汚染の見地から抗議し、署名を集め、それをモスクワに送ったことであった。もっとも注目すべき政治的な出来事は、八月二十三日のモロトフ－リッベントロップ議定書の締結記念日に、ヴィルニュスのアダム・ミツキェヴィチ記念碑の広場で反体制派の人々が集会を開き、リトアニアのソ連併合への不当性について公然と意見を述べたことである。

八八年、エストニアの人民戦線の結成に刺激され、六月三日、約五〇〇人からなる知識人代表によってリトアニアの改革運動「サーユディス（運動）」が結成された。リトアニアのサーユディスは、若手の研究者、作家、報道関係（とくに新聞『ギムタシス・クラーシュタス（故国）』）のイニシアティヴでつくられ、ひとつの党派的団体ではないことが特徴的で、共産党員も多数加わっていた。八月にはモスクワからペレストロイカの理論家、党中央委員会政治局員ヤコヴレフの訪問があり、リトアニアの民主化に理解が示され、民族運動の波は一気に高まった。ソ連体制からの解放、民主的な国民の権利、リトアニアの主権復活の要求、経済的自立が叫ばれた。八月二十三日には、ヴィルニュスのヴィンギス公園でモロトフ－リッベントロップ議定書（締結四九周年）の無効を訴える大集会が開かれ、二五万人が参加した。十月には保守派の共産党第一書記ソンガイラが辞任に追い込まれ、アルギルダス・ブラザウスカスがその後任に選ばれた。十月六日、リトアニア・ソヴィエト社会主義共和国最高会議は、独立期の黄・緑・赤の三色旗を国旗、クディルカ作の民族讃歌を国歌とし、リトアニア語を公用語と定めた。同月ヴィルニュスの大聖堂カテドラ（ソヴィエト期には美術館とされていた）がカトリック教会に返還されたことも大きな変化のひとつであった。

人間の鎖

一九八九年、独ソ秘密議定書締結から五〇周年目にあたる八月二十三日には、バルト三国の首都タリン－リガ－ヴィルニュスを結ぶ六五〇キロにわたる約二〇〇万人の人間の鎖「バルトの道」がつくられ、リトアニア人約一〇〇万人が参加し、独立への思潮が主流となった。十二月二十日、リトアニア共産党は党大会で八五五票対一六〇票の大差で、一党独裁の放棄を決定、またソ連共産党から分離独立することを宣言した。九〇年二月、リトアニア最高会議は独立を回復するために、ソ連政府と交渉する意向を明らかにした。

九〇年一月十一日、ゴルバチョフ・ソ連大統領がリトアニアを訪問、リトアニアにたいしソ連にとどまるよう説得したが、三〇万人の抗議デモにあい、失敗した。二〜三月に実施された複数政党の候補による自由選挙でサーユディスが三分の二以上の議席をえて勝利、三月十一日、ヴィルニュス音楽院教授ヴィータウタス・ランズベルギス議長の率いる最高会議は、リトアニアのソ連邦からの分離独立を宣言、旧ソ連で最初の独立の決意表明となった。十五日にはソ連人民代議員大会がリトアニアの独立回復宣言が無効であると決議、四月十八日には原油、天然ガスの供給削減の経済制裁が発動された。この結果六月にリトアニアは独立宣言の効力を一時停止することに追い込まれた。

九一年一月十一〜十三日、ソ連の戦車部隊がヴィルニュスに侵入、テレビ局を襲撃し、これを阻もうとした市民ら一四人が死亡、最高会議場周辺には一五万人の市民が集まり、軍とにらみあいとなり、ソ連軍は八月までラジオ・テレビ局、印刷所などの施設を占拠した。二月十一日、アイスランドがいち早くリトアニアの独立を承認した。二月九日、ソ連からの独立の賛否を問う国民投票がおこなわれ、投票者の九〇%が独立を支持した。八月二十一日、モスクワのソ連保守派のクーデタが失敗し、ソ連共産党が解体され、社会主義体制が崩壊するなかで、九月六日、ソ連国家評議会はバルト三国の独立を承認した。九月二日にはアメリカが、そして日本は九月六日に独立を承認した。

リトアニアは五一年ぶりに独立を回復したが、経済的自立がむずかしく、急激な改革(旧所有者への土地の返還と旧集団農場資産の民営化による農村の荒廃など)で、人々は生活苦に陥り、九二年十～十一月の議会(セイマス)の総選挙では、ランズベルギスの率いるサーユディスはふるわず、旧共産党系の民主労働党が地滑り的勝利をおさめた。翌九三年二月十四日の大統領選挙でも、民主労働党のアルギルダス・ブラザウスカスが選ばれた。そうした経済的危機の状況のなか、九三年八月三十一日ロシア軍の最後の駐留部隊がリトアニアから引き揚げたこと、そして九月四～八日にローマ教皇ヨハネ・パウロ二世がリトアニアを公式訪問し、各地でリトアニア語でミサをあげ、人々に慰めと感動を与えたことは、二つの大きな出来事であった。

九五年に商業銀行が倒産するという内部情報を利用して事前に預金を引き出したシュレジェーヴィチュス首相が、翌年辞任に追い込まれた。しかしそのころからリトアニア経済の復興の兆しがみられ、九六年に実施された議会選挙では、サーユディスの後継政党であるリトアニア祖国連合 - 保守派が一三七議席のうち七〇議席を獲得した。前回の雪辱をはたし、キリスト教民主党などと連立内閣をくみ、旧共産党系の民主労働党の四年間にわたる支配に終止符を打った。祖国連合 - 保守派の党首ランズベルギスは議会の議長に返り咲いた。

九七年十二月〜九八年一月の大統領選挙では、リトアニア出身のアメリカ移民、元アメリカ政府環境保護庁第五管区長官ヴァルダス・アダムクスが僅差の票で民主労働党のパウラウスカスを破り、大統領に就任した。民主労働党の人気は凋落していったが、国民の信望の厚かったブラザウスカス前大統領は立候補を辞退し、二月にロシア（カリーニングラード州）とリトアニアの国境確定の条約をエリツィン大統領とともに調印して、引退の花道を飾った。ブラザウスカスは後任の大統領のために一部の人々の非難を受けながら、バルト三国随一のみごとな大統領府を修復した。それはかつてのツァーリ時代のヴィリナ総督府と同じ建物で、ヴィルニュス大学およびその付属のヨハネ教会と美しいコントラストをなしている。独立回復以降ヴィルニュスの街並みは年ごとに修復され、中世の佇まいを取り戻している。リトアニアの自由市場経済への移行は、ドイツやスカンジナヴィア諸国の資本が投入されたこともあり、急速に進んだ。なお、九四年一月リトアニア政府は日本国民にたいし一方的にヴィザを免除した。九七年にはヴィルニュスに日本大使館が開かれた。

今後の課題

一度は政界からの引退を宣言したブラザウスカスであったが、すぐに政界に復帰し、二〇〇〇年には、祖国連合から政権を奪取すべく、民主労働党や社会民主党などの中道左派勢力からなる選挙連合を結成するなどの役割を果たした。さらに、〇一年に両党が合併して新・社会民主党となると、ブラザウスカスはその党首に就任。同年七月からは首相を務めた(〇六年まで)。他方、二〇〇〇年の国会議員選挙で大敗を喫した祖国連合は、その後右派諸政党を次々と吸収合併し、〇八年にはキリスト教民主党と合併して祖国連合－リトアニア・キリスト教民主派となった。これにより党勢を回復した祖国連合は、リトアニアを代表する中道右派政党としてリトアニア政治の一翼を担い続けている。しかし、二〇〇〇年以降はいずれの国会議員選挙においても単独で過半数の議席を獲得できる政党はなく、社会民主党や祖国連合といった主要政党がその他の政党とともに連立政権を組織する状況となっている。

いずれの主要政党も、リトアニアのNATOおよびEUへの加盟が安全保障および外交政策において最も重要であるという考えでは一致していた。リトアニアは二〇〇四年にNATOおよびEUへの加盟を果たしたが、その後も、欧米諸国との軍事同盟や欧州統合はリトアニアの安全保障・外交政策において最優先事項であり続けている。

欧米諸国との軍事同盟に関して言えば、NATO加盟以降、バルト諸国の領空警備のために戦闘機部隊がほかのNATO加盟諸国からシャウレイ空軍基地に派遣されるようになるなど、リトアニアの防衛体制はさらに強化された。しかしリトアニアは、同盟国からの支援をただ享受するだけではなく、加盟国としての役割を果たし、同盟に対する積極的な貢献を示そうともしている。例えば、二〇一四年にウクライナ南部のクリミアがロシアに編入され、東部で親ロシア派勢力がウクライナからの独立を宣言したことをきっかけに、リトアニアの与野党が国防費をNATO基準の対GDP比二パーセントにまで増額することで合意し、ダレ・グリーバウスカイテ大統領（当時）もこれに賛同した。

また、リトアニアはNATO非加盟国であるウクライナに対する支援も積極的に行っている。ウクライナ情勢の緊迫化を受けて、二〇一六年には、リトアニア、ウクライナ、ポーランドの三カ国による合同旅団が創設された。さらに二二年にロシアがウクライナに侵攻すると、リトアニア政府は、ウクライナからの難民を受け入れ、ウクライナ兵への訓練にも協力し、さらに武器および人道物資をウクライナに提供するなど、ウクライナを積極的に支援する姿勢を示している。また、リトアニア各地で市民による募金活動が熱心に行われている。ロシアを自国にとっての脅威と捉えている多くのリトアニア国民にとって、ウクライナでのできごとは決して対岸の火事などではない。

欧州統合に関していえば、EU加盟、そして二〇一五年のユーロ導入により、リトアニアの貿易量は増加し、これにともない海外からの投資も増えている。これによりリトアニアの国内総生産（GDP）は、世界金融危機の煽りを受けた〇九年と新型コロナウイルス感染症が世界的に流行した二〇年を除いて、毎年プラス成長を果たしている。人口流出や物価高騰、都市と農村のあいだの格差の広がりといった弊害も起きているが、しかしEU加盟以前の状況と比べると社会経済状況は確実に安定化しており、国民は経済成長の恩恵を受けているほか、EU市民として域内を自由に移動したり居住したりできることで、西欧や北欧での就学・就業の機会も享受できている。そのため、EUの規則などに拘束されることで国家主権が侵害されているという批判の声も一部では上がっているものの、それを主張する国内の欧州懐疑派は十分な支持を集められないままでいる。

このようにリトアニアは、独立を喪失するようなことが二度とないよう、欧米諸国とのつながりを重視し、積極的に価値観を共有しようとしている。このような傾向は今後も続くことだろう。

3　ラトヴィア

独立国家の再建

ソ連の国家評議会が独立を正式に承認したことで、国家主権を回復したラトヴィアであったが、国内にはソ連軍が依然として駐留していることは大きな問題であった。ソ連軍の撤退交渉は、これまで同様バルト三国が協力してあたろうとしたが、ラトヴィアでは多数のロシア語住民をかかえている点が大きな障害となった。ロシア(一九九一年末にソ連は崩壊)はロシア軍の撤退問題とラトヴィアのロシア語住民の人権保護をめぐる問題とを同じ机上にのせて交渉にあたろうとした。これにたいし、ラトヴィア側は、まったく異なる問題であるとして、交渉は停滞した。交渉は長期にわたり、九四年四月二十九日にロシア軍撤退に関する協定の調印にようやくこぎつけた。同年、八月三十一日をもって、スクルンダ・レーダー基地を例外として撤退は完了した。スクルンダ・レーダー基地の解体には猶予が認められた。

独立回復後、はじめての議会選挙が実施されるまでに、まず国籍法の問題で手間どり、ようやく九三年六月五日にそれは実施された。これにより、ソ連時代の最高会議にかわって第五次(戦間期の独立時代から数えている)セイマ(国会)が成立した。戦間期の政治指導者K.ウルマニスを大叔父にもつG.ウルマニスが大統領に就任した。この選挙の参政権問題ともかかわる国籍問題は、独立の「回復」であるという主張から、四〇年以前の国籍保有者およびその子孫の国籍登録が実施されたが、これはロシア語住民の強い反発を招き、ロシアから人権の侵害が訴えられた。国連をはじめとする国際機関から調査団が派遣され、人権侵害はなされていないとして、選挙は実施された。セイマで議席を獲得した主要政党はラトヴィアの道、ラトヴィア民族独立運動、ラトヴィアの調和、ラトヴィア農民連合などである。第六次セイマ選挙は、九五年九月三十一日から十月一日に実施され、民主党、農民党(中道左派)、ラトヴィアの道(中道右派)、ラトヴィアの人民運動などが主要な議席獲得政党であった。セイマに議席を獲得するためには、有権者数の五%の投票が必要である。G.ウルマニス大統領は、九六年六月再選された。

ヨーロッパへの回帰

一九九〇年代のラトヴィアは、独立の「回復」を通して、二つの目標をもっていた。一つは、戦間期の独立時代からの国家の継続性の確認と国際社会への復帰である。今一つは、ヨーロッパへの回帰であり、それを明確に示したのが、欧州連合加盟への強い志向であった。国家の継続性の主張をもっとも端的に示しているのが、憲法である。エストニア、リトアニアは、一九九二年に新たに憲法を採択しているのにたいして、ラトヴィアでは、憲法改正をしながら、一九二二年に採択された憲法を維持している。一九三〇年代の権威主義時代に憲法が新たに採択されないままに、ソ連への編入となり、継続している主権国家の回復によって、憲法制定会議で作成された民主主義的な憲法を維持しているということになる。

次に欧州連合加盟への道である。ソ連からの独立の「回復」から目指した市場経済と民主主義国家への移行は、北大西洋条約機構への接近でも示された。一九九一年以降、国際機関への積極的な加盟につとめてきており、自国の安全保障上最も重要視されたのが、欧州連合と北大西洋条約機構への加盟であった。一九九四年二月には、北大西洋条約機構との「平和のためのパートナーシップ」文書に調印、六月には欧州連合と自由貿易協定、九五年六月十二日には欧州連合の準加盟協定に調印した。

北大西洋条約機構への加盟に関しては、ロシアからの強い抵抗で、九七年七月のマドリッド・サミットで第一次東方拡大対象国とはならなかった。一九九四年八月末をもってラトヴィアからロシア軍の撤退は完了した。ラトヴィアには、三〇〇以上の部隊が展開され、スクルンダの早期警戒システムのレーダー基地や、リァパーヤの軍港などがあったからである。

このような状況に加えて、ソ連時代に流入した多くのロシア語系住民の問題が、国籍法の成立を難航させたのであった。制定されたのは、一九九四年八月のことである。ロシア語系住民の割合が高く、彼らの人権保護は欧州評議会加盟への要件でもあった。九五年四月に「現在ラトヴィアないしその他の国籍を有さない旧ソ連国籍者の地位に関する法律」(通称、外国人法)が、議会で可決されている。欧州統合への道を模索するラトヴィアにとって、重要な決定であり、その特徴として、二〇〇〇年までラトヴィア生まれを優先、二〇〇一年以降は一般の帰化も受け付けることがあった。

経済の市場経済への移行は、九二年に私有財産の回復(国有財産をソ連占領以前の所有者およびその子孫に返還)と民営化が進んだ。ラトヴィアに対する融資は、世界銀行、欧州復興開発銀行、欧州連合などから進められ、経済の活性化の促進となった。産業では、ロシアや独立国家共同体諸国との貿易の継続だけでなく、あらたに西欧諸国や途上国への市場開拓も進めた。というのも、旧ソ連地域以外にも、貿易を発展させることが、経済的な対外関係の安定にかかっているからである。

独立の「回復」以来目指してきた欧州連合と北大西洋条約機構への加盟は、二〇〇四年五月一日の第五次拡大の十カ国に含まれ、バルト三国同時に加盟となった。同年三月二十九日、最も懸念されていたラトヴィアは、北大西洋条約機構への加盟を果たした。この前年に実施された欧州連合加盟の可否を問う国民投票では、政府をあげての推進によって、最終的には六七・四九%の可の賛成票を得ることができた。他方、リトアニアは、九一・〇七%にも達していた。エストニアでは、六六・八三%で、ラトヴィアやエストニアでは賛否両方に国民の意見が二分されていた。加盟のラトヴィアでの影響は、EUの砂糖改革により、地方都市にあった二大製糖所が閉鎖に追い込まれたことがある。多くの失業者、地方産業の弱体化などによる地方都市の活力の低下など大きな影響が出たといえよう。

確かに、EU加盟後、ラトヴィアは経済的に急速な経済成長を遂げたが、二〇〇八年で世界的に発生した金融危機を逃れることはできず不況に陥り、深刻な政治、経済状態を招いた。二〇〇八年から二〇一〇年には、GDPの二五%を喪失するほど、金融危機は危機的状況であったが、EU、IMF、世界銀行、北欧諸国からの支援と緊縮財政により、二〇一〇年後半から成長に転じることができた。この金融危機のために、ラトヴィアでのユーロの導入は遅れ、二〇一四年からとなったのである。

今後の課題

二〇〇八年の金融危機を乗り越えたラトヴィアは、再び経済成長を取り戻した。

そのなかで、ラトヴィアの抱えている主要な課題は三点ある。第一に、人口減少である。独立を回復した一九九一年には、ピークの一九九〇年の二六八万九三九一人からすでに減少が始まり、急速に人口が減少してきた。二〇二三年にはピークの七割弱の一八三万二一一人で、今後も減少は続き三〇％以上の減少が予測されている。これは、バルト三国の中で最も深刻である。

仔細にラトヴィア中央統計局のデータをみると、民族的ラトヴィア人は、全国で二〇〇〇年から二〇二二年の間に八六・二％に減少、一方で、民族的ロシア人は、六四・六％減少している。

さらに、首都リーガ地域の人口は、二〇〇〇年から二〇二二年の間、総人口のおおよそ三分の一である。この期間、ラトヴィア人数は八九％に減少しているにとどまるが、民族的ロシア人数は六四・七六％に大きく減少し、その割合でみると、二〇一〇年には、首都リーガ地域で、民族的ラトヴィア人よりも多い四三・九％であったが、二〇二二年には三五・四七％に減少、民族的ラトヴィア人の割合が四七・六六％と割合が逆転している。人口激減の理由は、少子化、EU加盟による国外への移住、ロシア語系住民のラトヴィアからの移住が主要であろう。

次の課題は、安全保障である。ラトヴィアは、EU加盟国であるエストニアと三三三キロ、リトアニアと五四四キロ国境を接しているのに対して、EU域外とは、ベラルーシと一六一キロ、ロシアと三三二キロの国境を接している。これは、同時にNATOの域外との国境でもある。二〇二二年二月のロシア軍によるウクライナへの侵攻は、バルト海沿岸諸国を安全保障上の危機感に直面させた。大きな影響を与えたことは、迅速なフィンランド、スウェーデンのNATO加盟申請への動き、そして、二〇二三年四月には、フィンランドのNATO加盟、翌年四月には、スウェーデンの加盟達成という動きからも理解できるだろう。この侵攻に端を発したロシア・ウクライナ間の戦争を終結することは、容易くない。

ウクライナへの金融および軍事支援を合わせてみると、ラトヴィアはGDPの一・二四%にあたり、エストニア・リトアニアよりも、GDPに占める割合は大きい。さらに、ラトヴィアでの世論調査で、ロシアに対する否定的な見方は、二〇一二年には二八%であったのに対して、二〇二一年三七%、そして、ロシアのウクライナ侵攻後の二〇二二年には六六%と急増し、わからないが一四%であった。これに対して、アメリカに対しては、約五〇%が肯定的にみており、否定的なのは、三五%前後と大きな変化はみられない。最も肯定的にみているのは、EUであるが、二〇二一年の七一%から二〇二二年には六六%に下がっている。否定的には、昨年が一八%であったが、二〇二二年には二三%となっている。このようなラトヴィアの立ち位置を意識しながらも、今後の動きを見通すことは難しい。

最後の課題として、地域協力である。欧米諸国からは、歴史的に単位としてみられがちであったが、独立の「回復」から時間が経過するにつれて、国内問題や経済発展の相違が明らかになってきた。一方で、北欧諸国との協力、環バルト海諸国会議への参加を始めとする様々な地域協力に積極的に関与してきたといえよう。独立の「回復」後、バルト三国間の地域協力は、特に顕著な動きとして表面化することはなかったが、そこに、バルト三国という単位が登場したのが、COVID‐19の感染の広がりであった。二〇二〇年、感染が確認されると緊急事態宣言を出し、直ちに国境が閉鎖された。二〇二〇年の八月頃から感染者数は増加し、十月頃には深刻さを増していた。オンラインの議会や積極的なリモートワーク、学校での部分的なリモート授業など展開されていった。

特に、三国間の国境管理について空路、海路だけでなく、陸路のバルト三国地域内での移動も制約された。国境地域では、特に、国境を越えての労働力の移動があることで、経済への打撃は大きく、失業者も増加していった。五月十五日に三国間の国境を解放する「バルティック・バブル」政策を三国間の協力で実施し、注目を浴びた。これは、失業率の上昇、貿易への影響、観光業への打撃、税収の減少などへの対応であった。コロナ禍で三国は共にデジタル化が加速され、自治体間の協力も促進された。

独立回復後まもなく計画が検討され始めた欧州横断輸送ネットワークの北海からバルト海を繋ぐ鉄道による回廊の建設も、コロナ禍での遅滞はあったものの、着々と完成を目指して世紀の大事業は進んでいる。一層、地域間の協力は必要とされ、発展するだろう。一方で、EUの域外とを繋ぐ地域的な協力の心理的距離は、広がるばかりの気がしてならない。具体的な地域協力の可能性を見出すことが果たしてできるのであろうか。

4　エストニア

内政上の諸問題

独立回復後、エストニアは両大戦間期における最初の独立時に匹敵するような、あるいは、ソ連時代の負の遺産ゆえにある意味ではそれ以上に困難な国家建設の課題に取り組むことになった。

まず政治制度面では、国家のあり方について対立してきた最高会議とエストニア議会が憲法制定議会に双方から同数の代表をだすことで合意した。制憲議会では、両大戦間期からの国家の継続性という観点から一九三七年憲法の復活も提案された。だが結局、権威主義体制下で採択された同憲法は現在のエストニアにはなじまないとして、新しい憲法が起草された。九二年六月二十八日、憲法草案は国民投票に付され、投票率六六・三％、うち賛成九一・二％をもって採択された。

九二年憲法は議員内閣制を採用している。一院制の国会は比例代表制で選出される一〇一人の議員からなる。二〇〇五年には地方議会選挙で、〇七年には国会選挙で電子投票システムが導入された。国会（国会議員による投票で決まらない場合には、地方議員を含む選挙人団）が選出する大統領はおおむね象徴的な地位にとどまるが、首相の指名権や法案の停止的拒否権（可決された法案に関し国会に再審議をうながす権限）等を有している。

経済面では、九二年に政権についたラール内閣が、同年六月、自国通貨クローンを導入し、同時にルーブルの使用を中止した。この政策によりインフレが抑制され、外国投資誘引の要因となった。入札制度を採用した国営企業の民営化は民営化庁を中心に積極的に推進され、これもまた外資獲得に寄与した。価格の自由化・貿易の自由化も急ピッチで進められ、ときにネオリベラリズムとも評されるリベラル色の強い政策がとられた。こうした政策が奏功し、体制転換後の経済の激しい落ち込みから早期の回復をみた。二〇一一年初にはユーロが導入された。一方、経済の急速な自由化は経済格差の拡大を招いた。

ところで、前述の九二年六月の国民投票の際、「誰に投票権があるか」ということが問題となった。一九三八年国籍法の運用に関する規定は、一九四〇年六月以前のエストニア国民とその直系の子孫のみに国籍を自動的に付与すると定めていた。このため、ロシア語系住民の大半は外国人とみなされ、このときの国民投票とその直後の国会選挙において投票権を認められなかったのである。

この国籍法の運用に関する規定により、一九四〇年六月以降の移住者は国籍取得手続きをとることによってのみエストニア国籍が取得可能とされたため、九二年当時約四〇万人(人口の約三五%)がエストニア国籍非保有者(大半がロシア語系住民)になった。九八年頃、エストニア政府の方針に「エストニア人の国民国家形成」から「ロシア語系住民の社会統合」への転換が生じた。その顕著な例が、九二年以降にエストニアで生まれた十五歳以下の子どもへの届出による国籍付与を定めた九八年十二月の国籍法改正である。エストニアの国籍法は血統主義を採用しているため、両親ともに無国籍(エストニアの制度では「国籍未定者」)の場合には、その子どもも無国籍となっていたのである。このような方針転換の背景には、ロシア語系住民のロシアへの出国がさほど進まず、「エストニア人の国民国家形成」が現実的ではないという認識、民主主義・少数者の尊重・人権を共通の価値観として掲げるヨーロッパ連合(EU)および北大西洋条約機構(NATO)への加盟を重視する政府の立場、ロシアとの関係などがある。その後、ロシア国籍を選ぶ者も増加する一方で、ロシア語系住民のエストニア国籍取得も進み、全人口に占める無国籍者の割合は約五%まで低下した(二〇二二年現在)。

こうした国籍問題や、教育・言語運用能力をめぐる問題はしばしば政治化した。九三年七月、住民の九〇%近くをロシア語系住民が占める北東部のナルヴァ市とシッラマエ市で、広範な領域自治権を求めて市議会主導の住民投票が実施され、緊張が高まった。しかし、投票率は決して高くないとはいえ投票者の大半が賛成したにもかかわらず、両市議会は住民投票を無効とする司法当局の判断を受け入れた。これ以降、同様の試みは起こっていない。

他方で、歴史認識や記憶の違いは依然として強く認識されている。二〇〇七年四月に起きたブロンズ兵士像の移設をめぐる対立は、警官隊とロシア語系住民の衝突にまで発展した。タリン市中心部にソ連解体後も存在し続け、ロシア語系住民にとって独ソ戦勝利を祝い、その勝利のために犠牲になったソ連兵を想起させるこの兵士像は、エストニア人にとっては、ソ連軍による占領の象徴であるというこの国が抱える記憶の衝突の縮図がここにあった。政治的思惑も絡んでの移設問題が暴動にまで発展し、エストニア政府機関や金融機関、マスメディアへのサイバー攻撃が行われた。国際社会の懸念も高まった。兵士像の市中心部からの移設と、エストニア政府の社会統合政策の見直しにより事態は沈静化したものの、記憶をめぐる社会の亀裂の修復が達成されたわけではなかったようである。二〇二二年二月二十四日に始まったロシア軍によるウクライナ侵攻後、そうした亀裂が再び表面化し、政治化している。

対ロシア関係

ソ連が存在しているあいだ、エストニアとロシアはしばしば中央政府を相手どり共闘する関係にあった。九一年一月、ソ連軍の特殊部隊がヴィルニュスとリーガを相次いで急襲し、緊張が高まった際、エリツィン・ロシア共和国最高会議議長がタリンを電撃訪問し、バルト三共和国への支持を表明、エストニアとの国家間関係の基礎に関する協定に署名して、将来の二国間関係に道筋をつけた。ところが、ソ連が解体すると、エストニアの脱ソ連化政策はロシアとの関係にも当然のことながら変化をもたらした。

ロシア語系住民の処遇は、ロシア軍(ソ連解体前はソ連軍)の撤退や国境問題と切り離すことのできない問題であった。国内のロシア軍兵士の数は、最大時の一〇万人から九三年十二月には二四〇〇人へと減少したが、外国軍とその基地の存在は国家の独立を脅かすものであった。ロシア側は、退役軍人とその家族のエストニアにおける居住権を求めた。諸外国の仲介を受けつつも撤退交渉は長引いた。最終的に、九四年七月、モスクワを訪問したメリ大統領がエリツィン大統領と会談し、大統領の権限を超えて撤退協定に合意することで問題の解決が図られた。八月三十一日、ロシア軍のエストニアからの撤退は完了した。

国境協定は二〇二三年現在、未締結である。エストニアは一九四四、四五年の領土変更を無効とし、一九二〇年のタルト条約で定められた国境線の回復を求めたのにたいし、同条約の有効性を否定するロシア側はこれに反発した。実際には、交渉の焦点は、領土の返還ではなく、むしろ、エストニアのソ連編入の経緯をめぐる歴史認識であった。国境の早期画定を優先したエストニア政府は、いったんは九六年一一月、国境協定におけるタルト条約への言及を断念した。だが、ロシアの国会下院による協定文書批准の遅れや、エストニア国会による協定文書への前文追加の試みなどにより交渉は中断し、締結の目処は立っていない。

「ヨーロッパへの回帰」の意味

九〇年代半ばからの長い加盟交渉を経て、安全保障と外交政策上の最優先課題であったＮＡＴＯとＥＵへの加盟は、二〇〇四年に実現した。独立の喪失という歴史的経験を有するエストニアにとっては、ＥＵ加盟もＮＡＴＯ加盟同様、国家の独立を守るための方策の一つであった。

　他の中東欧諸国同様、エストニアにとってもＥＵ加盟は本来の居場所であるヨーロッパへの回帰という意味を持っていた。経済的発展や豊かさを求めていたからであることは言うまでもないが、それだけではない。価値観やヨーロッパ・アイデンティティの共有を通じての対等な一員としての認知を求めるものでもあった。それは、西ヨーロッパの基準を一方的に受け入れるだけで達成されるものではなかった。

　歴史認識をめぐっては、対ロシアや国内のロシア語系住民との間にのみ齟齬があったわけではない。ナチ・ドイツを中心とする枢軸国と民主主義諸国の戦いという第二次世界大戦に関する歴史の語りは、戦後長らく東側に位置付けられた中東欧諸国の語りと必ずしも一致するものではなかった。エストニアにとって、第二次世界大戦の勝者とされたソ連から被った被害は、ヨーロッパの中で正当に認められるべきものであった。二〇〇五年五月九日、第二次世界大戦の戦勝六〇周年を祝って各国首脳がモスクワに集まった記念式典への招待を、エストニアのリューテル大統領とリトアニアのアダムクス大統領が断ったのは、そうした立場の表れである。スターリン時代の共産主義体制とナチ・ドイツの両方の犠牲をともに悼み記念するという新たなヨーロッパの記憶が形成される一方で、それを受け入れられないロシアとの間で政治化された記憶をめぐる争いは激化した。ＥＵとＮＡＴＯへの加盟によってエストニアの安全保障が強化される一方、同国をとり巻く国際秩序は不安定化するという逆説的状況が生じたのであった。

YAMAKAWA SELECTION

ポーランド・バルト史《し》　下

2024年７月10日　第１版１刷　印刷
2024年７月20日　第１版１刷　発行

編著　伊東孝之《いとうたかゆき》・井内敏夫《いのうちとしお》

発行者　野澤武史

発行所　株式会社山川出版社
〒101-0047 東京都千代田区内神田1-13-13
電話03(3293)8131(営業)8134(編集)
https://www.yamakawa.co.jp/

印刷所　株式会社太平印刷社

製本所　株式会社ブロケード
装幀　水戸部功

Printed in Japan ISBN978-4-634-42413-5

『新版　世界各国史第二〇　ポーランド・ウクライナ・バルト史』
一九九八年十二月　山川出版社刊

執筆者紹介(執筆順)

伊東 孝之　いとう たかゆき

1941年生まれ。東京大学大学院社会学研究科博士課程中退
北海道大学・早稲田大学名誉教授
主要著書：『ソ連圏諸国の内政と外交』(編，有斐閣 1986)，『東欧現代史』(共編著，有斐閣 1987)，『ポーランド現代史』(山川出版社 1988)
執筆担当：序章，第6章，第7章，第8章のポーランド

伊東 一郎　いとう いちろう

1949年生まれ。早稲田大学大学院博士課程中退
早稲田大学名誉教授
主要著書：『ガリツィアの森――ロシア東欧比較文化論集』(水声社 2019)，『ヨーロッパ民衆文化の想像力』(共著，言叢社 2013)，『マーシャは川を渡れない――文化の中のロシア民謡』(東洋書店 2001)，『スラヴ民族の歴史』(YAMAKAWA SELECTION，編著，山川出版社 2023)
執筆担当：第1章

井内 敏夫　いのうち としお

1947年生まれ。早稲田大学大学院文学研究科博士課程中退
早稲田大学名誉教授
主要著書・論文：『ポーランド民族の歴史』(共著，三省堂 1980)，「ジェチポスポリタ，あるいはポーランドにおける共和主義の伝統について」(『史観』1991)，『ポーランド中近世史研究論集』(刀水書房 2022)
執筆担当：第2章

小山 哲　こやま さとし

1961年生まれ。京都大学大学院文学研究科博士後期課程研究指導認定
現在，京都大学大学院文学研究科教授
主要著書・論文：『ワルシャワ連盟協約(一五七三年)』(東洋書店 2013)，「ポーランドでひとはどのようにしてジャコバンになるのか――ユゼフ・パヴリコフスキの軌跡」(中澤達哉編『王のいる共和政――ジャコバン再考』岩波書店 2022)，「リトアニア・ポーランド支配の時代――十四～十六世紀の近世ウクライナ地域」(黛秋津編『講義　ウクライナの歴史』山川出版社 2023)

執筆担当：第３章

早坂 真理　はやさか　まこと
1948年生まれ。北海道大学大学院文学研究科西洋史専攻単位取得退学
東京工業大学名誉教授(2020年逝去)
主要著書・訳書：『イスタンブル東方機関――ポーランドの亡命愛国者』(筑摩書房 1987)，『ウクライナ――歴史の復元を模索する』(リブロポート 1994)，『ベラルーシ――境界領域の歴史学』(彩流社 2013)，『リトアニア――歴史的伝統と国民形成の狭間』(彩流社 2017)，『近代ポーランド史の固有性と普遍性――跛行するネーション形成』(彩流社 2019)，『スラヴ東欧研究者の備忘録――フィールドノート断章』(彩流社 2020)
執筆担当：第４章，第５章

白木 太一　しらき　たいち
1959年生まれ。早稲田大学大学院文学研究科博士課程単位取得退学，博士(文学)
現在，大正大学文学部歴史学科教授
主要著書・論文：『近世ポーランド「共和国」の再建――四年議会と５月３日憲法への道』(彩流社 2005)，『[新版]一七九一年五月三日憲法』(ポーランド史叢書２)(群像社 2016)，「聖職者イグナツィ・クラシツキと18世紀後半のヴァルミア司教区」『鴨台史学』第９号(2009)，『現代ポーランド音楽の100年－シマノフスキからペンデレツキまで－』(ダヌータ・グヴィズダランカ著(共訳)，音楽之友社 2023)
執筆協力および担当：第４章

安井 教浩　やすい　みちひろ
1960年生まれ。明治大学大学院文学研究科博士後期課程中退
現在，常磐短期大学教授
主要著書：『ポーランド史論集』(共著，阪東宏編，三省堂 1996)，『ポーランド学を学ぶ人のために』(共著，渡辺克義編，世界思想社 2007)，『リガ条約』(群像社 2017)
執筆協力および担当：第５章

村田 郁夫　むらた　いくお
1938年生まれ。早稲田大学大学院文学研究科博士課程修了
東京経済大学名誉教授

主要著書・論文・訳書：『リトアニア語基礎1500語』(大学書林 1994)，「リトアニア語」(『言語学大辞典』第四巻下-2，三省堂 1992)，『どこにもないところからの手紙』(ジョナス・メカス著，書肆山田 2005)，『ジョナス・メカス詩集』(ジョナス・メカス著，書肆山田 2019)
執筆担当：第６章，第７章，第８章のリトアニア

重松 尚　しげまつ　ひさし
1985年生まれ。東京大学大学院総合文化研究科博士後期課程修了，博士(学術)
現在，日本学術振興会特別研究員-CPD(国際競争力強化研究員)
主要著書・論文：「リトアニア臨時政府(1941年)——「抵抗」の歴史とその記憶」(橋本伸也編『せめぎあう中東欧・ロシアの歴史認識問題——ナチズムと社会主義の過去をめぐる葛藤』ミネルヴァ書房 2017)，「第二次世界大戦期におけるリトアニア人行動主義戦線(LAF)の対独協力」(高綱博文・門間卓也・関智英編『グレーゾーンと帝国——歴史修正主義を乗り越える生の営み』勉誠出版 2023)，「権威主義政権に対抗するファシズム体制構想——リトアニア人行動主義連合(LAS)の分析を中心に」(『国際政治』202 2021)
執筆協力および担当：第６章，第７章，第８章のリトアニア

志摩 園子　しま　そのこ
1955年生まれ。津田塾大学大学院国際関係学研究科博士課程修了
現在，昭和女子大学人間社会学部特任教授，国際文化研究所所長
主要論文：「ラトヴィヤ共和国臨時政府の対外政策——1918-1920年」(日本国際政治学会，『国際政治』第96号 1991)，『環バルト海——地域協力のゆくえ』(百瀬宏・志摩園子・大島美穂編，岩波書店 1996)，『物語　バルト三国の歴史』(中央公論社 2004)，『変貌する権力政治と抵抗——国際関係学における地域』(共著，彩流社 2012)，『ラトヴィアを知るための47章』(編著，明石書店 2016)，『新型コロナ危機と欧州　EU・加盟10カ国と英国の対応』(共著，文眞堂 2021)
執筆担当：第６章，第７章，第８章のラトヴィア

小森 宏美　こもり　ひろみ
1969年生まれ。早稲田大学大学院文学研究科博士課程単位取得退学
現在，早稲田大学教育・総合科学学術院教育学部教授
主要著書：『エストニアの政治と歴史認識』(三元社 2009)，「バルト三国の独立再考ーソ連解体への道程」(宇山智彦編『ロシア革命とソ

連の世紀　第５巻―越境する革命と民族』岩波書店 2017)，「自由，共和国，革命―バルト諸県の1905年革命」(中澤達哉編『王のいる共和政―ジャコバン再考』岩波書店 2022)
執筆担当：第６章，第７章，第８章のエストニア

■索　引

人名索引

●アーオ

●カーコ

●ナ―ノ

●ハ―ホ

●マーモ

●ヤ―ヨ

●ラーロ・ワ

事項索引

●アーオ

●カーコ

●サ－ソ

●タート

●マ－モ

●ヤ―ヨ

●ラ―ロ・ワ

■図版引用一覧

●上巻

p.40——Jerzy Topolski (ed.), *Dzieje Gniezna*, Warszawa, Państwowe Wydawnictwo Naukowe, 1965. p.29

p.56下——絵はがき

p.153——Marcello Bacciarelli (1764), WIKIMEDIA COMMONS

●下巻

p.99——Katyń, Dokumenty Iudobójstwa, Warszawa, Instytut Studiów Politycznych, 1992. p.34